D1920308

PROTEST, PROVOKATION ODER PROPAGANDA?

HANDREICHUNG ZUR PRÄVENTION SALAFISTISCHER IDEOLOGISIERUNG IN SCHULE UND JUGENDARBEIT

INHALT

GRUSSWORT

Grußwort der Bundesministerin für Familie, Senioren, Frauen und Jugend, Manuela Schwesig, für die Broschüre „Protest und Provokation zwischen Pop und Propaganda"

Jugendliche, aber auch Pädagoginnen und Pädagogen werden seit einigen Jahren häufiger mit demokratiefeindlichen Tendenzen konfrontiert: mit Islam- und Muslimfeindlichkeit oder mit gewaltbereitem Salafismus. Schnell wird dann der Ruf nach Sicherheit und Gesetzesverschärfungen laut. Sicherheit aber gibt es nicht allein durch schärfere Gesetze. In die Nachrichten schaffen es die Gefahren für unsere freie Gesellschaft zwar meist erst dann, wenn es zu offener Gewalt kommt. Es beginnt aber viel früher – nämlich in den Köpfen zumeist junger Menschen, die zum Teil jahrelange Radikalisierungsprozesse durchlaufen. Da müssen wir ansetzen! Prävention ist eine unabdingbare Voraussetzung für Sicherheit und für eine offene Gesellschaft.

Was aber macht gewaltbereite, islamistische Strömungen so attraktiv? Ein einfaches schwarz-weißes-Weltbild, Ausgrenzungs- und Entwertungserfahrungen, Perspektivlosigkeit? Wenn junge Muslim_innen aufgrund ihrer Biografie oder ihres Migrationshintergrundes zur Zielscheibe von Islam- und Muslimfeindlichkeit werden, suchen sie nicht selten Antwort bei denjenigen, die ihnen den Rücken stärken – auch wenn es falsche Freunde sind. Islamfeindlichkeit auf der einen Seite und Radikalisierungsprozesse auf der anderen Seite stärken einander wechselseitig. Salafistische Prediger wie Pierre Vogel machen gleichzeitig deutlich, dass nicht nur Migrantinnen und Migranten durch diese Strömungen radikalisiert werden können. Der gewaltbereite Salafismus ist ein gesamtgesellschaftliches Phänomen. Weit über Zuwanderung und Integration hinaus geht es um Demokratie und um die Argumente und Strategien, die unsere Demokratie radikalen Ideologien entgegensetzt.

Zunächst einmal tun sich für Pädagoginnen und Pädagogen, die vorher wenig Berührung mit gewaltbereiten islamistischen Strömungen hatten, viele Fragen auf. „Was soll ich einem jungen Menschen erwidern, der sagt, die Scharia sei die einzige Medizin gegen die Krankheit Demokratie und Integration?" Was hätte den Berliner Jungen „Deso Dogg" (oder andere Jungen und Mädchen aus meiner Schule, meiner Jugendgruppe, meiner Moscheegemeinde) davon abhalten können, IS-Kämpfer zu werden? Für viele sind diese Entwicklungen noch neu; Gegenstrategien entwickeln und bewähren sich erst allmählich. Es ist in Ordnung und angemessen, erst einmal Fragen zu stellen. Was man allerdings schon sagen kann: Gesellschaftspolitische Präventionsarbeit, ein offenes, vielfältiges Miteinander und ein vertrauensvoller Dialog mit muslimischen Organisationen (und natürlich mit den Menschen muslimischen Glaubens) sind unabdingbare Voraussetzungen, um Radikalisierungsprozessen vorzubeugen. Die Politik, die muslimischen Religionsgemeinschaften und die Zivilgesellschaft müssen dabei zusammenarbeiten. Mit dem Bundesprogramm „Demokratie Leben! Aktiv gegen Rechtsextremismus, Gewalt und Menschenfeindlichkeit" des Bundesministeriums für Familie, Senioren, Frauen und Jugend treten wir Rechtsextremismus, Rassismus und Antisemitismus, den Herausforderungen durch Islam- bzw. Muslimfeindlichkeit, Antiziganismus, Ultranationalismus, Homophobie, gewaltbereitem Salafismus bzw. Dschihadismus und linker Militanz auf allen Ebenen entschieden entgegen.

Ufuq.de bietet mit der vorliegenden Broschüre eine gute Basis, die offenen Fragen der Pädagoginnen und Pädagogen zu beantworten. Ich halte es für richtig, Präventionsarbeit breit anzulegen. Präventionsarbeit, die jede und jeden anspricht, grenzt nicht aus. Damit leistet die Handreichung nicht nur einen Beitrag zur Radikalisierungsprävention, sondern auch für die pädagogische Praxis im Bereich der Arbeit gegen Islam- und Muslimfeindlichkeit. Die Arbeit von Ufuq.de und des kompetenten und engagierten Teams ist in diesem Bereich wegweisend. Allen, die diese Broschüre lesen, wünsche ich, dass sie mit mehr Sicherheit in einen offenen und vertrauensvollen Dialog mit den Jugendlichen gehen. Viel Erfolg!

Mit freundlichen Grüßen

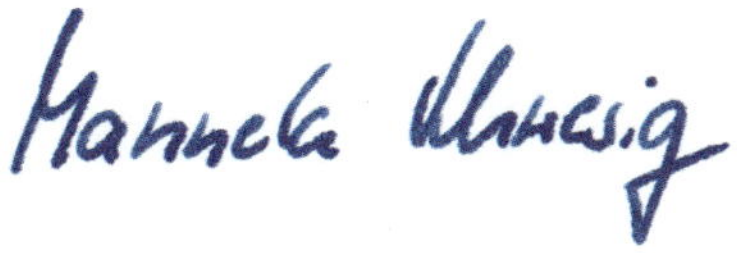

Manuela Schwesig
Bundesministerin für Familie, Senioren, Frauen und Jugend

EINLEITUNG

„Wir sehen die Dinge nicht so wie sie sind.
Wir sehen sie so wie wir sind."

Dieses Handbuch richtet sich vor allem an Pädagoginnen und Pädagogen in Schulen und in der Jugendarbeit. Mit ihrer Arbeit leisten sie einen wesentlichen Beitrag zur Prävention von freiheitsfeindlichen Positionen und Ideologien bei Jugendlichen und jungen Erwachsenen zwischen 15 und 25. Dazu zählen seit einigen Jahren auch salafistische Positionen. Weil sich aber viele Pädagog_innen in diesem spezifischen Feld aus verständlichen Gründen nicht genügend vorbereitet oder überfordert fühlen, unternimmt dieses Handbuch den Versuch, möglichst knappe und praxisorientierte Hinweise zur Prävention salafistischer Positionen und Ideologien zu vermitteln. Dazu fassen wir unsere Erfahrungen aus mehreren hundert Workshops mit Jugendlichen und Fortbildungen mit Multiplikator_innen zusammen und wir geben Hinweise und machen konkrete Vorschläge für die pädagogische Praxis. Dabei ist uns bewusst: Je konkreter diese Vorschläge ausfallen, desto kontroverser lassen sie sich mitunter diskutieren. Die Wahrheit aber ist wie immer „auf´m Platz" – sprich: Im Klassenraum und im Jugendzentrum müssen Sie Ihre eigenen Erfahrungen machen.

Salafismus ist kein „Migrantenproblem". Die meisten Jugendlichen und jungen Erwachsenen, die dem durchaus weiten Spektrum des Salafismus zugerechnet werden, sind in Deutschland geboren – und ihre Eltern sind in der Regel alles andere als begeistert vom Weg ihrer Kinder. Außerdem konvertieren auch Jugendliche deutscher Herkunft in den Salafismus – überproportional viele Konvertit_innen sind es sogar, die sich dem Islamischen Staat / IS anschließen. Die Faktoren, die zu solchen Prozessen beitragen, sind individuell und vielfältig.

Es gibt allerdings eine Reihe von Fragen, Themen und Konflikten, die eine spezifische Rolle spielen: Etwa die Fragen vieler Jugendlicher muslimischer Herkunft, die sie zu „ihrer" Religion, dem Islam, stellen. Oder die Erfahrungen, die junge Menschen mit Migrationshintergrund mit Diskriminierung und Islamfeindlichkeit machen. Vor allem aber das Empfinden, abgelehnt zu werden, nicht „dazuzugehören". So ist es kein Zufall, dass an diesen Fragen („Wer bin ich? Zu wem gehöre ich?") die salafistische Ansprache von Jugendlichen vor allem ansetzt.

Das bedeutet im Umkehrschluss: Solche spezifischen Fragen einer spezifischen Zielgruppe müssen im Rahmen einer allgemeinen, „universellen" Präventionsarbeit und Demokratieerziehung eine wesentliche Rolle spielen. In Schulen und Jugendeinrichtungen heißt das, mehr als bisher die Interessen, Erfahrungen, Lebenswelten

SALAFISMUS IST KEIN „MIGRANTENPROBLEM"

und – nicht zuletzt – die Religiositäten von Jugendlichen mit Migrationshintergrund in den Blick zu nehmen. Allerdings ohne diese damit zu stigmatisieren oder sie auf eine Herkunft, Kultur oder Religion festzulegen; und ohne die Jugendlichen ohne Migrationshintergrund im „globalisierten Klassenzimmer" aus dem Blick zu verlieren.

Wie das gelingen kann? Sie müssen dazu nicht erst zu Expert_innen in Sachen Religion, Islamismus oder Migrationsgesellschaft werden. Vielmehr kommt es darauf an, Experte in eigener Sache, d.h. gute/r Pädagog_in zu sein – auch in diesem schwierigen Feld mit seinen spezifischen Herausforderungen. Das vorliegende Handbuch soll Ihnen dabei helfen.

Zur Vermeidung von Missverständnissen: In diesem Handbuch steht die Prävention im Mittelpunkt, d.h. eine Pädagogik, die der Verbreitung salafistischer Ideologie unter Jugendlichen und jungen Erwachsenen in Deutschland vorbeugen soll. Natürlich erfahren Sie in diesem Kontext auch etwas über den Salafismus selbst sowie über Merkmale von Ideologisierungs- und Radikalisierungsprozessen. In Ihrer Arbeit werden Sie es aber in der Regel nur äußerst selten mit bereits ideologisierten oder gar radikalisierten Jugendlichen zu tun haben. Betrachten Sie also Äußerungen und Verhaltensformen „Ihrer" Jugendlicher nie durch die „Salafismus-Brille" – auch wenn sie ihnen „problematisch" erscheinen oder Fragmente salafistischer Ideologie darin auftauchen mögen. Sonst werden Sie ihnen nicht gerecht. Sollten Sie aber ernsthaft beunruhigt über einzelne Jugendliche sein, ist das womöglich keine Sache einer (universellen) Präventionsarbeit mehr. Besprechen Sie sich in diesen Einzelfällen in Ihrer Einrichtung und suchen Sie nach Stellen, die Sie unterstützen können. Auch dazu finden Sie Hinweise und Adressen in diesem Handbuch.

Anmerkung: Beim „Salafismus" handelt es sich um ein spezifisches Religionsverständnis, das von Strömungen, die unter diesem Begriff zusammengefasst werden, ganz unterschiedlich praktiziert wird (s. Kap. III). Wenn in dieser Handreichung von Salafismus bzw. der Prävention von Salafismus die Rede ist, geht es um den Salafismus als politische Ideologie, vor allem aber um solche Positionen und Verhaltensformen, die im Widerspruch zu den Grundwerten des Zusammenlebens in einer pluralen Gesellschaft stehen.

I. EINFÜHRUNG: 12 THESEN ZUR SALAFISMUSPRÄVENTION

Im Folgenden stellen wir einige der wichtigsten Merkposten in zunächst kurzer Form an den Anfang, weil uns ihre Beachtung unerlässlich für das Gelingen von Pädagogik und Prävention erscheint:

1. PRÄVENTION IST NICHT DERADIKALISIERUNG:

„Primäre" (oder universelle) Prävention ist in erster Linie Demokratieerziehung. Sie richtet sich an „ganz normale" Jugendliche weit im Vorfeld etwaiger Ideologisierung oder Radikalisierung. Sie kann überall erfolgen, wo Jugendliche „unterwegs" sind – vor allem in Schulen und Jugendeinrichtungen. Sie soll sensibilisieren und Jugendliche vor einfachen Welt- und Feindbildern schützen. Bei der Prävention von Salafismus spielt die Bedeutung von Religion (Islam) in der Migrationsgesellschaft eine spezifische Rolle. Darin liegt die besondere Herausforderung.

2. EINE SOZIALE FRAGE:

Positionen und Verhalten von Jugendlichen sind oft weniger durch Religion oder die Herkunft ihrer Eltern geprägt als vielmehr durch ihr soziales Milieu.

3. EINE FRAGE DES ALTERS:

Jugendliche in einer freien Gesellschaft sind auf der Suche nach „Identität" und ihrem Platz. Dabei grenzen sie sich auf manchmal extrem provozierende Weise von Eltern, Lehrer_innen oder anderen Autoritäten ab. Fragen, die Werte, Politik, Religion oder globale Konflikte betreffen, bekommen große Bedeutung. In dieser Phase der Unsicherheit und Suche nach Orientierung sind viele empfänglich für Ideologien oder charismatische Persönlichkeiten.

4. SENSIBILISIERUNG VS. ALARMISMUS:

Sensibilisierung für die Positionen und Verhaltensweisen von Jugendlichen, die möglicherweise sich und andere in Gefahr bringen oder Grundwerte gesellschaftlichen Zusammenlebens infrage stellen, ist deshalb unerlässlich. Alarmismus und eine „Kultur des Verdachts" hingegen wären hinderlich und kontraproduktiv.

5. SALAFISMUS IST NICHT ISLAM:

Die salafistische Ideologie widerspricht Grundwerten demokratischen Zusammenlebens. Islam und Demokratie (oder: Scharia und Grundrechte) sind hingegen gut vereinbar. Jungen Muslim_innen sollte nicht suggeriert werden, sie müssten sich für das eine (Demokratie) und gegen das andere (Islam) entscheiden. Vielmehr gilt es, die Werte und unterschiedliche Lebenswelten positiv miteinander zu verbinden.

6. SALAFISMUS IST NICHT DSCHIHADISMUS:

Meist wird unter Salafismus gegenwärtig Gewalt und Terror verstanden. Zu „Dschihadisten" zählen aber nur die wenigsten Salafist_innen. Der Fokus auf den Islamischen Staat (IS) und den Krieg in Syrien / Irak verstellt Optionen für die Präventionsarbeit. Denn Probleme mit salafistischer Ideologie beginnen weit vor der Legitimation und Anwendung von Gewalt, etwa weil sie andere abwertet und freiheitsfeindlich (anti-pluralistisch) ist.

7. DIE 9 / 11 GENERATION:

Vom Salafismus angezogen werden auch nichtmuslimische deutsche Jugendliche. Die Mehrheit jedoch sind junge Muslim_innen. Sie gehören zu einer Generation, die in den 90er und 2000er Jahren in Deutschland geboren ist – und viele haben Ablehnung und Diskriminierung erlebt. Viel mehr als ihren Eltern ist ihnen aber bewusst, dass Deutschland ihr Land ist. Umso selbstbewusster und offensiver sind sie auf der Suche nach Anerkennung und Zugehörigkeit, die sie einfordern – einschließlich ihrer kleinen Unterschiede in Traditionen, Herkünfte und Religionen (wenn ihnen diese wichtig sind). Das sind grundsätzlich legitime, emanzipatorische und integrative Positionen.

8. PROVOKATION IST NICHT SALAFISMUS:

Das gilt auch, wenn diese Positionen und Bedürfnisse in nicht akzeptabler Form in Erscheinung treten. So hat provokatives oder aggressives Verhalten von Jugendlichen etwa im Schulalltag in der Regel zunächst nichts mit salafistischer Ideologisierung zu tun. Vielmehr handelt es sich meist um Ausdrucksformen von Jugendlichen, die auf der Suche nach Zugehörigkeit und Anerkennung sind – deren Verhalten im pädagogischen Alltag jedoch oft eine große Herausforderung darstellt.

9. SCHEICH GOOGLE:

Im Zuge dieser Suchbewegungen einer ganzen Generation Jugendlicher und junger Erwachsener stoßen sie nicht zuletzt im Internet zwangsläufig auf die Angebote von Salafist_innen: In einer Migrationsgesellschaft, die ihre Versprechungen noch nicht eingelöst hat, verheißen sie Jugendlichen, die weder in Familie und Moschee noch in Schule und Gesellschaft Räume für ihre Fragen und Konflikte finden, Gemeinschaft, Selbstbewusstsein und klare Orientierung.

10. SALAFISMUS ALS CHANCE:

Wenn also die Gesellschaft und ihre Institutionen solche Räume nicht zur Verfügung stellen, dann kommen andere und geben ihre Antworten ... Der Salafismus könnte vor diesem Hintergrund als Chance betrachtet werden: Er zwingt uns, die Werte des demokratischen und pluralistischen Zusammenlebens im „globalisierten Klassenzimmer" neu zu begründen und Jugendlichen lebensweltnah anzubieten – einschließlich religiöser Perspektiven.

11. WER ÜBER ISLAMISMUS REDEN WILL ...

darf über Islamfeindlichkeit nicht schweigen. Rassismus und Islamfeindlichkeit sind in der Gesellschaft weit verbreitet und machen auch vor Pädagog_innen in Schulen und Jugendeinrichtungen nicht halt! Der Salafismus setzt an den entsprechenden Alltagserfahrungen von Jugendlichen an. Prävention, das zeigt die Erfahrung, muss das auch tun.

12. WAS SCHAFFEN SALAFISTEN, DAS WIR NICHT SCHAFFEN?

Signale von Anerkennung, Wertschätzung und Zugehörigkeit sind die beste Prävention. Denn Bindung kommt vor Bildung (oder: Beziehung vor Erziehung). Die Jugendlichen wollen nicht „verändert" werden und gesagt bekommen, wie sie leben sollen. Das bringt sie nur in eine Selbstbehauptungshaltung. Vielmehr sollten wir sie fragen, wie sie leben wollen. Sich selbst Gedanken zu machen und eigene Perspektiven zu entwickeln, ist nicht nur die beste Prävention. Es ist auch die beste Demokratie-„erziehung"! Dazu müssen Pädagog_innen nicht theologisch versiert oder Islamismusfachleute sein.

UND NICHT ZU VERGESSEN: THE KIDS ARE ALL RIGHT!

Die Jugendlichen verdienen unser Vertrauen und unsere Anerkennung, die allermeisten haben mit radikalen Positionen nichts am Hut. (Und selbst wenn, brauchen sie unsere Zuwendung erst recht.) Misstrauen, Skepsis, Zuschreibungen sowie Problem- und Defizitwahrnehmungen fördern eher Konflikte und problematische Positionen als dass sie solchen vorbeugen würden. Wir brauchen einen Paradigmenwechsel, denn diese Jugendlichen wünschen und fordern Zugehörigkeit und Teilhabe. Ihnen Räume zu geben, erfordert manchmal Mut und Vertrauen. Haben Sie diesen Mut. Es lohnt sich. Denn: The Kids are all right!

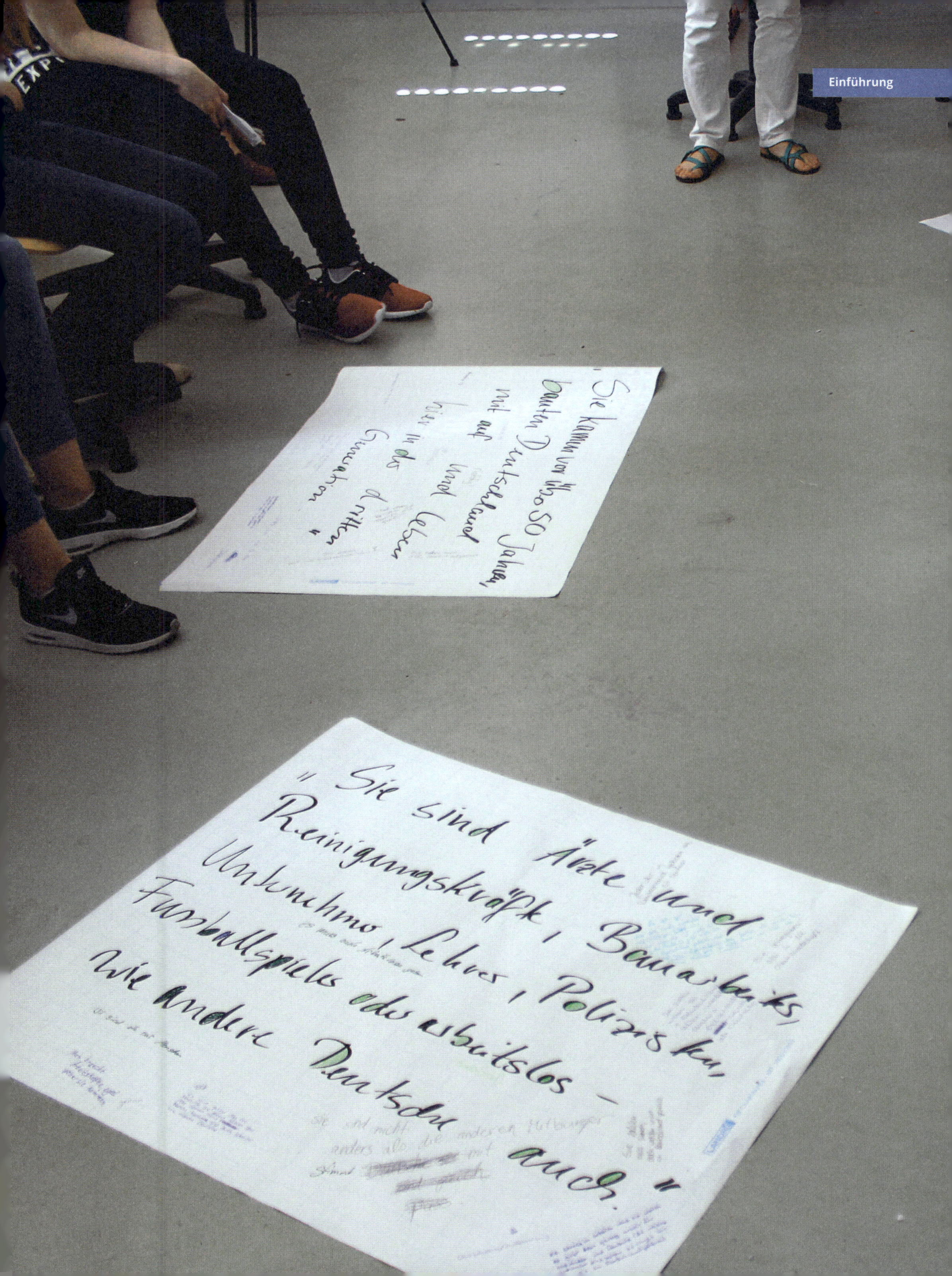
„Sie kamen vor über 50 Jahren,
bauten Deutschland
mit auf und leben
hier in der dritten
Generation"
„Sie sind Ärzte und
Reinigungskräfte, Bauarbeiter,
Unternehmer, Lehrer, Polizisten,
Fussballspieler oder arbeitslos –
wie andere Deutsche auch."

II. HINTERGRUND: „WIE WOLLEN WIR LEBEN?"

Motive des Salafismus und Ansätze zur Prävention

„Nein, ich bin nicht Charlie!", schrieb eine 15-jährige Schülerin mit arabischem Migrationshintergrund, als ihr Lehrer die Klasse aufforderte, einen Aufsatz über den Anschlag von Paris und den „Islamischen Staat" zu schreiben. „Sondern ich bin das zerstörte Gaza, das abgeschlachtete Syrien, das hungernde Afrika, das zerteilte Kurdistan, […] das besetzte Afghanistan, das unterdrückte Ägypten, das bombardierte Libyen, das belagerte Yarmouk- und Daraa-Flüchtlingslager, das vergessene Guantanamo …". Die Schülerin griff dabei auf einen im Internet kursierenden und spontan von tausenden Jugendlichen „gelikten" Text des Frankfurter Rappers SadiQ zurück.

Mit Salafismus oder gar dem IS haben solche Positionen zunächst nichts zu tun. Sie stellen meist auch keine Sympathiebekundung mit den Attentätern von Paris dar. Vielmehr sind sie Ausdruck von Protest und eines Gefühls von Nichtzugehörigkeit: „Millionenfach zeigt Ihr Euch bestürzt und empört über die ermordeten Karikaturisten, aber über unsere Toten spricht hier niemand." So ungefähr lautet der Vorwurf, den viele Jugendliche in Berlin, Hamburg und Frankfurt ebenso teilen wie in Paris, Marseille oder Toulon. Natürlich sind solche provokanten Haltungen eine Herausforderung. Und es sind vor allem Salafist_innen, die sie für sich zu nutzen versuchen. Die Empörung, mit der viele Lehrkräfte auf Antworten wie die der Schülerin reagieren oder mit der Medien über Jugendliche berichteten, die Schweigeminuten für die Opfer verweigerten, mag also verständlich erscheinen. Allerdings versperrt sie den Blick auf die Chancen für Pädagogik und Prävention, die sich hier eröffnen. Aber der Reihe nach.

Was macht den Salafismus für Jugendliche und junge Erwachsene attraktiv? Diese Frage wurde in den vergangenen Monaten und Jahren immer wieder gestellt. Zunächst ist festzuhalten, dass die große Mehrheit junger deutscher Muslim_innen von den oft grotesk wirkenden salafistischen Predigern eher peinlich berührt ist. Und: Unter den wenigen Salafist_innen, die meinen, den Islam in Irak, Syrien oder Afghanistan mit Gewalt „verteidigen" zu müssen, finden sich viele Konvertit_innen deutscher Herkunft. Das gibt einen ersten Hinweis darauf, dass es nicht „der Islam" ist, der junge Menschen in die Radikalisierung treibt. Die Biografien zeigen vielmehr, dass es unterschiedliche Erfahrungen von Entfremdung, Ohnmacht, Perspektivlosigkeit und Verwahrlosung sind, die Angebote des Salafismus –

Gemeinschaft, Orientierung, einfache Weltdeutungen – attraktiv erscheinen lassen. Dabei spielen sehr häufig komplizierte, widersprüchliche und für Kinder und Jugendliche belastende Familiengeschichten eine zentrale Rolle. Ganz besonders gilt das für die kleine Gruppe der Gewaltbereiten: Ihnen bietet die religiös begründete radikale Ideologie ein Ventil für ihren Frust und ihre Wut und die Chance, sich einmal im Leben stark, überlegen und mächtig zu erleben – verbunden mit der Gewissheit, auf der richtigen Seite zu stehen.

Daneben spielen für viele Jugendliche mit Migrationshintergrund Erfahrungen von Diskriminierung und Nichtzugehörigkeit eine wichtige Rolle auf dem Weg zur Ideologisierung. „Die Deutschen", heißt es zum Beispiel, „werden mich in 100 Jahren noch fragen, woher ich komme, nur weil ich schwarze Haare habe." Jugendliche sind in besonderer Weise sensibel dafür, was Stimmungsbarometer schon lange dokumentieren: Die Mehrheit der deutschen Nichtmuslime steht Islam und Muslim_innen skeptisch und ablehnend gegenüber – bis hin zu unverhohlenem Rassismus. Auch Medien und Politik scheinen den Jugendlichen nicht selten nahezulegen, „den Islam" aufzugeben, wenn sie „dazugehören" wollen – weil ihre Religion angeblich nicht mit Demokratie, Grundrechten oder einer „christlich-abendländischen Leitkultur" kompatibel sei. Die Salafist_innen bieten ihnen demgegenüber nicht nur ein Forum für ihre Diskriminierungs- und Ungerechtigkeitserfahrungen, sondern geben ihnen das Gefühl, mit ihrer Religion anerkannt und willkommen zu sein – eben: dazuzugehören.

Dabei ist gerade diesen hier geborenen Jugendlichen viel stärker als noch ihren Eltern und Großeltern bewusst, dass Deutschland ihre Heimat ist. Umso empfindlicher reagieren sie auf die Erfahrung, nicht so akzeptiert zu werden wie sie sind, mit dem, was ihnen wichtig ist – zum Beispiel der positive Bezug auf Geschichte, Traditionen und Kulturen ihrer Eltern. Dies führt nicht selten zu einem überbetontem Rückbezug („Isso bei uns") oder verschiedenen Formen von Selbstethnifizierungen. Wenn sie dann in der Schule lauthals und provokativ verkünden, nicht „deutsch", sondern „türkisch", „arabisch" oder „muslimisch" zu sein, oder erklären, dass ihnen die Scharia (von der sie oft selbst keine Ahnung haben) wichtiger sei als das Grundgesetz, wird ihnen das schnell als Ausdruck von Segregation, Rückzug in „Parallelgesellschaften" oder gar Islamismus vorgeworfen.

In Wirklichkeit ist häufig genau das Gegenteil der Fall: Wenn Jugendliche

Bestandteile „ihrer" Kultur oder Religion betonen, dann steht dahinter meist das Bedürfnis, mit den eigenen Besonderheiten als Teil der Gesellschaft Anerkennung zu finden. „Es wird Zeit, dass ihr es endlich rafft, wir sind auch ein Teil vom deutschen Volk" formulierte dies bereits vor Jahren der Rapper Alpa Gun in seinem sehr populären Stück „Ausländer". Dahinter steht die legitime Forderung, das Postulat der Einwanderungsgesellschaft auch einzulösen. Dass diese Forderung mitunter überzogen, aggressiv und extrem beleidigend vorgetragen wird („Schweinefleischfresser", „Deutsche Schlampe"), ist – zum Beispiel für Lehrkräfte – nur schwer erträglich. Verständnis und Verständigung können indes da entstehen, wo es gelingt, weniger auf die vordergründige Provokation, sondern auf den dahinter stehenden (und oft den Protagonisten selbst verborgenen) Integrationswunsch zu reagieren.

Keine Imame in der Shoppingmall

Denn dafür ist es höchste Zeit. So hat nicht zuletzt in Reaktion auf die Erfahrungen nach 9/11 eine ganze Generation von Jugendlichen mit muslimischem Migrationshintergrund auf ihrer Suche nach Zugehörigkeit und Aufmerksamkeit den Islam als kleinsten gemeinsamen Nenner für sich entdeckt, obwohl – oder gerade weil – Muslim_innen spätestens mit den Anschlägen von New York oft unter Generalverdacht geraten. Religiosität spielt dabei oft eine untergeordnete Rolle. Vielmehr geht es um den Islam als Statement, als Bestandteil ihres Selbstverständnisses, das sie behaupten möchten und um dessen Anerkennung sie ringen, weit offensiver als es noch ihre Eltern getan haben.

Diese Suchbewegungen von jungen, mehr oder weniger religiösen deutschen „Muslim_innen" sind zunächst (wenn auch nicht in jeder ihrer Erscheinungsformen) emanzipatorisch und integrativ, zielen sie doch darauf ab, als gleichberechtigte Teile der Migrationsgesellschaft anerkannt zu werden. Problematisch wird es dann, wenn Jugendliche keinen Raum für ihre Fragen oder nur ideologisch eingefärbte Antworten bekommen. So sind etwa Eltern und Großeltern oft überfordert – etwa wenn ihr Religionsverständnis in den Traditionen ihrer Herkunftsregionen verhaftet ist. Auch der örtliche Imam ist in der Regel kein Ansprechpartner, kennt er sich doch weder auf Facebook noch in den Shoppingmalls aus, in denen Jugendliche große Teile ihrer Freizeit verbringen.

Fast zwangsläufig stoßen Jugendliche im Rahmen ihrer Suchprozesse dann auf Salafist_innen, die im Internet omnipräsent sind. Sie erklären ihnen – auf Deutsch – was richtig und was falsch ist und was sie zu tun und zu lassen haben, um ein „guter Muslim" zu sein. Solch einfache Antworten sind für viele ziemlich attraktiv. Dass diese Angebote problematisch sind – etwa weil Denk- und Lebensformen abgewertet werden, die vom und rigiden, freiheitsfeindlichen und mit absolutem Wahrheitsanspruch daher kommenden Islamverständnis des Salafismus abweichen – erkennen viele Jugendliche nicht. Ihre Ideologisierung beginnt damit weit im

Vorfeld etwaiger Radikalisierungsprozesse. Wenn also die 15-jährige Schülerin weiter schreibt: „Nein, ich bin nicht Charlie. Ich bin die über 1,5 Millionen toten Muslim_innen, die in den letzten Jahren durch die blutige Hand der Westmächte getötet wurden", dann macht sie das noch lange nicht zur Salafistin. Aber sie formuliert damit eine verbreitete Überzeugung, an welche der Salafismus mühelos anknüpfen kann: Aus dem Unmut über eigene Diskriminierungserfahrungen (und derjenigen anderer Muslim_innen inklusive der Eltern) konstruieren sie ein pauschales Feindbild, demzufolge „der Westen" seit jeher „den Islam" und „die Muslime" bekämpfe. „Als Muslim" so die Botschaft der Salafist_innen, „wirst Du nie dazugehören. Komm zu uns. Hier kannst Du Dich wehren. Gemeinsam sind wir stark!" Das klingt gut und kann in einzelnen Fällen (aber immer im Zusammenspiel mit anderen Motiven!) bis zur Legitimation von Gewalt und Terror reichen.

Was also tun? Zunächst muss viel deutlicher als bisher zwischen Prävention und Deradikalisierung unterschieden werden. Wenn derzeit viel von Prävention die Rede ist, ist meistens Deradikalisierung gemeint. Deradikalisierung zielt aber darauf, einzelne bereits ideologisierte und ggf. radikalisierte Jugendliche und junge Erwachsene zu erreichen, wobei Ausstiegsprozesse, das zeigen Erfahrungen aus dem Rechtsextremismus, Jahre dauern können. Deradikalisierung kooperiert eng mit Sicherheitsbehörden und interveniert in der Regel im Kontext bereits vorliegender „Fälle". Gegenüber der nicht zuletzt sicherheitspolitisch motivierten „Deradikalisierung" treten Programme und Initiativen zur Prävention – verstanden im Sinne von Vorbeugung, nicht Begegnung des Salafismus – bisher viel zu wenig in Erscheinung. Zu übermächtig erscheinen akute Bedrohungsszenarien und die Bilder vom IS. Diese Schieflage sollte korrigiert werden.

Was ist Prävention?

Prävention ist Demokratieerziehung. Sie richtet sich „proaktiv" und weit im Vorfeld von Ideologisierung und Radikalisierung an „ganz normale" Jugendliche und junge Erwachsene – etwa in Schule und Jugendeinrichtungen. Im Kontext von Salafismus findet Demokratieerziehung allerdings in einem spezifischen Kontext statt: Es sind vor allem Jugendliche mit Migrationshintergrund, die Räume brauchen, in denen sie frei über ihre Fragen zu Herkunft, Zugehörigkeit, Identität, Kultur und Religion sprechen können. Sonst kommen andere, füllen das Vakuum und geben ihre einfachen Antworten. Jugendliche müssen sensibilisiert und befähigt werden, deren simple Religions-, Welt- und Feindbilder zu hinterfragen. Dazu sind auch religiöse Angebote wichtig: Dass Islam und Demokratie (oder auch Scharia und Grundrechte) keinen Gegensatz darstellen, sondern selbstverständlich miteinander vereinbar sind, wäre eine zentrale Botschaft gerade an Jugendliche. Allzu oft wird ihnen nämlich suggeriert, dass sie sich entscheiden müssten – statt ihnen zu vermitteln, dass sie „muslimisch“ und „demokratisch“ ebenso wie „türkisch“, „arabisch“ oder „bosnisch“ und „deutsch“ sein können. Dabei gilt es universelle Werte wie Gerechtigkeit, soziale Verantwortung, Toleranz und Frieden in den Mittelpunkt zu rücken, die im Islam selbstverständlich auch zuhause sind. Die Auseinandersetzung mit dem Salafismus könnte hier geradezu als Chance verstanden werden, sich dieser gemeinsamen Werte des Zusammenlebens neu zu vergewissern.

Im Weiteren richtet sich Prävention an die vornehmlich nicht-muslimischen Multiplikatoren – Pädagoginnen und Pädagogen etwa, die in „globalisierten Klassenzimmern“ arbeiten und oft nur wenig über die Lebenswelten (Religion, Herkunft) „ihrer“ Jugendlichen wissen. Neben entsprechenden Kenntnissen ist hier ein Klima der Anerkennung Voraussetzung für präventiv wirksame Arbeit: „The kids are all right“ wäre eine Grundhaltung, die ungeachtet aller Fragen und Konflikte an die Stelle von zermürbender Skepsis und Defizitwahrnehmung treten sollte. Dazu sollte auch der Sprachgebrauch geprüft und verändert werden – im Klassenzimmer, aber ebenso in Politik und Medien: Jugendliche sind sehr sensibel für ausgrenzende „Wir-und-Die-Diskurse“. Deutliche Signale der Zugehörigkeit sind demgegenüber von großer Bedeutung für Kommunikation und Integration. Sie sind im Weiteren auch die Basis für Interventionen, um problematische Einstellungen und Positionen hinterfragen, irritieren und begegnen zu können. Und noch etwas zeigt die Erfahrung: Wer über Islamismus reden will, darf über Islamfeindlichkeit nicht schweigen. An dieser Lebenswirklichkeit sollte Prävention ansetzen.

Dabei sind Jugendlichen oft formelhaft erscheinende Konzepte wie die FDGO, Verfassung oder Demokratie nicht unbedingt das Maß der Dinge. „Wie wollen wir leben?“ ist vielmehr die lebensweltnahe Grundfrage, die Jugendlichen helfen kann, eigene Positionen zu entwickeln. Hier sollten ihre Erfahrungen und Empfindungen im Mittelpunkt stehen und Anerkennung finden. So illustriert die zitierte Position einer Schülerin zu den Anschlägen von Paris zwar einerseits die Gefahr der Ideologisierung. Sie bietet aber auch einen Ansatzpunkt für Pädagogik und Prävention. Dann nämlich, wenn die darin zum Ausdruck kommende Empörung über Ungerechtigkeiten und die Empathie mit Opfern von Krieg und Gewalt als solche positiv gewürdigt und zum Ausgangspunkt gemacht wird für ein Gespräch mit und unter den Jugendlichen über eigene Erfahrungen, den Umgang mit Unrecht und Gewalt und darüber, wie es vielleicht besser laufen könnte – in der Schule, im Kiez, in Deutschland und der Welt. Dann gelingt nicht nur Präventionsarbeit, dann gelingt auch Einwanderungsgesellschaft.

„GESCHICHTEN" AUS DER PRAXIS I

In einem Workshop mit mehrheitlich muslimischen Schüler_innen einer 9. Klasse erklärten alle Jugendlichen, sie seien **stolze Muslim_innen** und ihnen sei die Religion sehr wichtig. Beim weiteren Nachfragen zeigte sich, dass viele von ihnen nicht besonders religiös waren und vom Islam nur wenig wussten. Bedeutsam war die Religion für sie vielmehr als Bestandteil von Zugehörigkeit und Identität. Die Jugendlichen befanden sich in Such- und Orientierungsprozessen – den salafistischen Prediger Pierre Vogel kannten sie nämlich alle.

Eine Gruppe 14 – 16jähriger Jungen in einem Moscheeverein diskutierte die Frage: **„Was ist denn ein richtiger Muslim?"** Die ersten Antworten kamen sehr schnell: „Kein Alkohol, kein Schweinefleisch, Ramadan machen, Kopftuch tragen und fünf mal Beten muss man". Da fragt einer in die Runde: „Aber wer von uns betet denn fünf mal am Tag?" (Die Jugendlichen ahnen, dass die Einhaltung von Normen nur ein Aspekt von Religiosität ist.) „O.k.", lautet daraufhin die Frage, „was gehört denn noch dazu, ein guter Muslim zu sein?" „Frieden halten, Liebe, gerecht sein ...", führen die Jungen nun aus. (Erst jetzt kommen Werte ins Gespräch, die auch in den öffentlichen Diskursen schnell aus dem Blick geraten.) In der Gruppe wird schließlich diskutiert, ob ein „guter Muslim" denn vor allem „ein guter Mensch" sei.

Mehr „Geschichten aus der Praxis" finden Sie auf unserer Website zum Handbuch unter www.ufuq.de.

III. SALAFISMUS IN SCHULE UND JUGENDEINRICHTUNGEN

1. Was ist Salafismus?

Der Begriff „Salafismus" leitet sich ab aus dem arabischen Terminus *as-salaf as- salih* (dt. etwa *die ehrwürdigen Altvorderen*). Gemeint sind damit die ersten drei Generationen von Muslim_innen im 7. Jahrhundert. Für viele Muslim_innen gelten sie als Vorbilder, an denen sie sich in der einen oder anderen Weise orientieren möchten. Als **politische Ideologie** ist der Salafismus jedoch eine Spielart des Islamismus. Als „islamistisch" wird die Ideologie einer Vielzahl von Strömungen und Akteuren bezeichnet, deren Ziel es ist, Politik und Gesellschaft gemäß ihres Islamverständnisses zu gestalten. Einen **Wahrheitsanspruch** leiten sie aus der Überzeugung ab, dass ihr Verständnis der religiösen Quellen (Koran und Sunna) das einzig wahre und mögliche darstellt. Das führt unweigerlich zur **Ablehnung und Abwertung** anderer Perspektiven – gleich ob von Muslim_innen oder Nichtmuslim_innen. Darin gleichen Islamismus und Salafismus anderen, z.B. christlichen, Fundamentalismen. Islamistische Organisationen unterscheiden sich gleichwohl darin, wie sie ihre Überzeugungen in der Gesellschaft durchsetzen wollen: Mehrheitlich setzen sie auf **Mission, Erziehung und Überzeugungsarbeit,** einige beteiligen sich an Wahlen. Andere (z.B. IS oder Al-Qaida) legitimieren **Gewalt und Terror** und behaupten, auf diese Weise Islam und Muslim_innen verteidigen zu müssen.

Der Verfassungsschutz rechnet in Deutschland insgesamt über 40.000 Personen dem islamistischen Spektrum zu – darunter aber auch die etwa 30.000 Mitglieder der Islamischen Gemeinschaft Milli Görüs. Die IGMG bekennt sich zur FDGO und wird auch nicht mehr von allen Verfassungsschutzämtern beobachtet. Dem gewaltbefürwortenden Islamismus rechnen die Behörden etwa 6.000 Personen zu, von denen etwa 300 als so genannte „Gefährder" gelten, von denen Gewalttaten zu befürchten seien. Innerhalb dieses Spektrums werden dem Salafismus, der in Deutschland etwa seit 2005 Zulauf vor allem unter Jugendlichen und jungen Erwachsenen hat, etwa 7.000 Personen zugerechnet. Über 700 sind inzwischen (Stand Juni 2015) ausgereist und haben sich Organisationen angeschlossen, die einen bewaffneten Kampf führen.

Innerhalb des Spektrums islamistischer Strömungen ist der Salafismus charakterisiert durch ein sehr **rigides, wortgetreues Verständnis** der islamischen Quellen. Daraus leitet sich ihr Wahrheitsanspruch auch gegenüber der großen Mehrheit von Muslim_innen ab, die eine sinngemäße

Übertragung der Quellentexte auf jeweils aktuelle Kontexte bevorzugen. Konkrete politische Ordnungsvorstellungen findet man im Salafismus jedoch nur wenige. Umso mehr konzentrieren sich Salafist_innen auf die Betonung von äußerlichen Merkmalen (wie etwa Bekleidung), strenge moralische Positionen zu predigen und solche Denk- und Lebensformen zu denunzieren und zu bekämpfen, die ihnen als „sündhaft" oder unmoralisch erscheinen. Für Salafist_innen gibt es nur „richtig" und „falsch" bzw. „gut" und „böse". Vielfalt der Lebensstile, Pluralismus und Ambivalenzen, Toleranz und freie Meinungsbildung – diese Grundelemente demokratischen Lebens sind mit dem Salafismus unvereinbar.

Grob skizziert lassen sich Salafist_innen unterteilen in:

1. ***„Puristen":*** Ihnen geht es vor allem darum, selbst ein nach ihren Maßstäben gottgefälliges Leben zu führen. Im eigenen Leben versuchen sie ihren Vorbildern möglichst genau zu folgen – und üben keinen Druck auf andere aus.

2. ***„Missionare"***: Missionieren sehr aktiv, erklären ihr Islam- Weltverständnis zum einzig wahren und werten andere Denk- und Lebensformen offen ab. Dabei setzen sie ihre Umgebung unter Druck – ggf. auch in Schule und Jugendeinrichtungen.

3. ***„Dschihadisten":*** Dieser sehr kleine Flügel ist bereit, seine Überzeugungen mit Gewalt zu verbreiten und durchzusetzen. Legitimiert wird das meist als Verteidigungskampf.

Die Propaganda für den Salafismus erfolgt hauptsächlich im **Internet** und durch einzelne **Prediger**. Darüber hinaus bieten einzelne wenige Moscheegemeinden Salafist_innen die Möglichkeit zur Agitation bis hin zur Rekrutierung für den Dschihad. In den „normalen" Moscheen werden Jugendliche jedoch nicht salafistisch ideologisiert und radikalisiert. Ziel der Propaganda sind zum einen Nichtmuslim_innen, die vom Islam überzeugt werden sollen; zum anderen aber vor allem Muslim_innen, die den Islam anders denken und leben als Salafist_innen es für richtig halten. Eine große Rolle in der salafistischen Szene spielen **Konvertit_innen** – also junge Menschen nichtmuslimischer Herkunft, die in den Salafismus konvertieren.

Mehr Informationen finden Sie im Glossar zum Handbuch auf www.ufuq.de unter den Stichworten: Islamismus, Salafismus, Dschihadismus, Propaganda, Prediger und Konversion.

DER GEBRAUCH VON BEGRIFFEN IN DER PÄDAGOGISCHEN ARBEIT

„Islamismus", „Salafismus" aber auch Termini wie „Dschihad" oder „Scharia" sind komplexe, im öffentlichen Diskurs gängige aber oft unsensibel und falsch eingesetzte Begriffe – auch weil islamistische Strömungen ihre eigenen Lesarten als allgemeingültig bzw. „islamisch" erklären und diese dann (vor allem von Nichtmuslim_innen) undifferenziert aufgegriffen werden. Viele Muslim_innen und insbesondere Jugendliche fühlen sich in der Folge durch eine pauschalisierende Verwendung von Begriffen stigmatisiert und mit einem negativen Islambild konfrontiert. In der pädagogischen Arbeit sollte möglichst auf diese Begriffe zur Beschreibung von Personen oder Positionen verzichtet werden. Vielmehr sollte an konkreten Positionen und Verhaltensformen (etwa: abwertend oder freiheitsfeindlich) angesetzt, solche also nicht in Bezug zu Religion, Kultur oder Herkunft gesetzt werden. Außerdem können die Unterschiedlichkeit „muslimischer" Lebensformen sichtbar gemacht und Jugendliche (Muslim_innen wie Nichtmuslim_innen) dazu angeregt werden, eigene Perspektiven zu entwickeln („Wie wollen wir leben?"), ohne dass sie dabei für sie wichtige Glaubensinhalte aufgeben müssten.

2. Welche Rolle spielt Religion für Jugendliche? Was kann den Salafismus für einige von ihnen attraktiv machen?

Es mag seltsam klingen, aber es gibt wahrscheinlich keinen Haushalt in Deutschland, in dem eine salafistische Biografie nicht beginnen könnte. Bildungsstand, soziale Herkunft, religiöse Sozialisation oder Migrationsgeschichten – all diese Faktoren können nicht für sich erklären, warum Jugendliche sich von salafistischer Ideologie anziehen lassen. So ist auch das oft gezeichnete Bild gescheiterter Existenzen irreführend: Selbst im Dschihadismus finden sich Jugendliche und junge Erwachsene mit guten schulischen und beruflichen Perspektiven. Auch stammen viele Jugendliche, die sich salafistischen Strömungen anschließen, aus nichtreligiösen Elternhäusern. Bei ihnen kann die Wendung zum Salafismus den Bruch mit Traditionen und Herkunft der Eltern sowie eine Art „Wiederentdeckung" der Religion markieren. Diese „verraten", verlassen und sich untergeordnet oder „angepasst" zu haben wird Eltern dabei nicht selten zum Vorwurf gemacht. Zudem ist die hohe Anzahl von Konversionen in diese Strömung deutlicher Hinweis darauf, dass es sich beim Salafismus keinesfalls nur um ein ‚muslimisches' oder ‚migrantisches' Phänomen handelt. Dennoch lassen sich eine Reihe von Faktoren erkennen, die charakteristisch für viele Verläufe salafistischer Ideologisierung sind:

Am Anfang steht für viele Jugendliche mit Migrationshintergrund die **Suche nach Wissen über den Islam,** der für viele weniger aus religiösen Motiven interessant erscheint, sondern weil sie ihn als Bestandteil ihrer Identität „entdecken", die sie – mehr als noch ihre Eltern – in Deutschland anerkannt sehen wollen (s. 9/11-Generation). In diesen Suchbewegungen finden die Jugendlichen weder bei Eltern noch in Moschee oder Schule Raum für ihre Fragen. Nicht zuletzt im **Internet** („Scheich Google") stoßen sie dann zwangsläufig auf Angebote von Salafist_innen. Diese sagen ihnen vermeintlich klar und einfach, was „im Islam" richtig und falsch sei und wie sie die Welt verstehen können. Das kann **Halt, Orientierung und Sinn** versprechen – und kommt damit den Bedürfnissen vieler Jugendlicher entgegen.

Außerdem greifen Salafist_innen zermürbende **Diskriminierungserfahrungen** (z.B. Islamfeindlichkeit) von Jugendlichen mit Migrationshintergrund auf und geben ihnen Raum. Allerdings spitzen sie diese zu und konstruieren daraus ein Feindbild: „Hier wirst Du als Muslim nie dazu gehören, sie werden Dich nie anerkennen und Dich immer diskriminieren. Komm zu uns. Wir gehören zusammen und sind eine **starke Gemeinschaft** jenseits aller Herkünfte. Hier kannst Du was erleben, hier können wir gemeinsam gegen Ungerechtigkeit kämpfen, hier zählst Du was!"

Dieses Religions- und Selbstverständnis kann auch für junge Menschen ohne Migrations- und Diskriminierungs- , dafür aber mit anderen Formen von **Entfremdungserfahrungen** attraktiv erscheinen – etwa bei Problemen in der Familie oder in der Schule. Auch in den Salafismus konvertierenden jungen Menschen werden Erfahrungen von Rollensicherheit, Halt und Orientierung, **Selbstwirksamkeit** und die angesichts der Zumutungen einer komplexen und widersprüchlichen Welt verführerische Gewissheit versprochen, auf der richtigen Seite zu stehen. Dazu trägt entscheidend das dichotome (Gut gegen Böse) und **einfache Religions- und Weltverständnis** des Salafismus bei: Hier musst du nicht denken, hier brauchst du nur zur folgen und bist damit Teil eines großen, mächtigen Ganzen.

Was suchen Jugendliche?	Was bieten Salafisten?
Religiöses „Wissen“	Antworten auf die Frage: „Was ist ein/e richtige/r Musli_min?“ Benimmregeln, Verhaltenskodex, Selbstsicherheit
Werte, Orientierung	Klare Unterscheidungen zwischen gut und böse, richtig und falsch
Sinn, Perspektive	Aussicht auf ein gläubiges, rechtschaffenes Leben mit Paradiesversprechen
Wahrheit und Welterklärung	Die Ideologie von der „einzig wahren Religion“ vermittelt einfache Erklärungen; inkl. Feindbildern und einem Gefühl von …
Aufmerksamkeit und Überlegenheit	… Überlegenheit: Mit wenigen Aussagen / Aktionen kann provoziert und der „Spieß einmal umgedreht“ werden.
Gemeinschaft, Zugehörigkeit, Anerkennung, Stärke und Selbstwirksamkeit	Online, im Islamseminar oder als Teil der „Umma“ (Gemeinschaft der Muslim_innen): Teil einer Gruppe von Gleichgesinnten zu sein, verspricht Aufgehobensein und die Erfahrung, gemeinsam etwas bewirken zu können. In Abgrenzung von anderen konstituiert sich die Gemeinschaft auch äußerlich mittels Kleidung, Sprache und Verhalten.
Gehorsam, Orientierung, Vorbilder, Autoritäten	Prediger und Texte verlangen eindeutiges Verhalten in komplexer Welt: Man muss nicht selber denken.
Gerechtigkeit (Protest gegen Ungerechtigkeit)	Jugendtypischer Protest gegen Unrecht, Leid und Diskriminierung wird aufgegriffen und das Gefühl vermittelt, teilhaben zu können am Aufbau einer neuen, besseren Welt.

Wer mag, kann sich zentrale Attraktivitätsmomente mithilfe der Formel WWWGGG einprägen: **W**issen, **W**ahrheit, **W**erte, **G**emeinschaft, **G**ehorsam, **G**erechtigkeit. Deutlich wird: Hier handelt es sich um sehr „normale" und vor allem jugendtypische Motive, wie sie sich nicht nur in verschiedenen extremistischen Ideologien wiederfinden. Sie sind ganz von dieser Welt, haben mit Religion oder Spiritualität eher wenig oder nur mittelbar zu tun. Die hier sichtbar werdenden Bedürfnisse der Jugendlichen sind gleichzeitig die Aufgaben für die pädagogische Arbeit und die Prävention. Die Frage könnte lauten: Was schaffen Salafist_innen, was wir nicht schaffen? Welche Angebote können und sollten wir machen?

3. Wann wird's problematisch?

In pädagogischer Arbeit und universeller Prävention geht es nicht darum, „Islamismus" oder „Salafismus" zu erkennen. Das ist zunächst sekundär. Entscheidend sind vielmehr ganz konkrete „freiheitsfeindliche" (B. Wagner / ZDK) Positionen und Verhaltensweisen von Jugendlichen, die in Ideologisierungsprozesse münden können. Pädagogische Interventionen erfolgen dementsprechend auch nicht wegen des „Islam", wegen „Islamismus" oder „Salafismus", sondern vielmehr als Reaktion auf konkret zu benennende anti-pluralistische und anti-demokratische (bzw. freiheitsfeindliche) Positionen oder Einstellungen: Wenn Jugendliche mit einem Wahrheitsanspruch auftreten; wenn sie andere abwerten („mobben") oder sie unter Druck setzen, weil diese anders denken und leben als sie es für richtig halten. Das sind „problematische" Positionen und konkrete Anlässe, darüber mit den Jugendlichen ins Gespräch zu gehen. Aufgrund der Nähe zu ihrem eigenen Alltag und zu eigenen Erfahrungen gelingt das meist gut. Werden hingegen in abstrakter Form Islam oder Islamismus thematisiert, fühlen sich viele Jugendliche „als Muslim_innen" angesprochen und sehen sich schnell in der Verteidigungsposition.

Vom Recht, jung, religiös und provokativ zu sein

Pädagog_innen stehen in ständigem Kontakt mit ihren Schüler_innen und Jugendlichen, sie tauschen sich mit ihnen aus, kennen ihre Interessen und Sorgen und sie beobachten Entwicklungen, die Schüler_innen im Laufe der Jahre durchmachen. Sie gehören daher oft zu den ersten, die „problematische" Positionen bis hin zur Entwicklung „islamistischer" Einstellungen und Ideologien unter Jugendlichen bemerken und auf diese reagieren können. Denn niemand wird von heute auf morgen Salafist, geschweige denn radikal. Hier handelt es sich um Prozesse, die Phasen durchlaufen und in der Regel in sicht- und spürbaren Veränderungen zum Ausdruck kommen. Deshalb ist es wichtig, bestimmte Merkmale zu kennen, die auf eine Ideologisierung hinweisen können. *Können!* – denn sehr oft lassen sich Positionen, Verhaltensweisen oder Symbole nicht eindeutig interpretieren. So kann es unter Jugendlichen auch eine Modeerscheinung und cool sein, radikale Positionen zu beziehen und Menschen wie Dinge in richtig oder falsch einzuordnen. Außerdem haben viele religiöse Positionen und Symbole, die für Salafist_innen eine wichtige Rolle spielen, auch für andere Muslim_innen (gerade auch für Jugendliche in Suchprozessen) eine große Bedeutung und sollten daher zunächst als selbstverständlich akzeptiert werden. Schließlich steht eine nach außen sichtbare und selbstbewusst gelebte Religiosität jeder/m Jugendlichen in frei.

Das macht das Erkennen von und den Umgang mit problematischen Entwicklungen schwierig. Mit den folgenden Hinweisen verbindet sich daher der Appell, *nachzufragen* statt *zu dramatisieren, das Gespräch zu suchen* statt *zu verurteilen, Interesse zu zeigen* statt *zu skandalisieren.* Nur so lassen sich die Motive der Jugendlichen verstehen und Umgangsweisen finden, die weder stigmatisieren noch auf Provokationen hereinfallen.

I. Äußerlichkeiten

Symbole und Bekleidung, Rituale und Sprache

Symbole, Kleidung und andere äußerlich erkennbare Merkmale dienen Jugendlichen typischerweise zur Markierung von Identität und Zugehörigkeit. So ist das Kopftuch, das ca. ein Fünftel der Musliminnen zwischen 16 und 25 tragen, für viele von ihnen wichtiger und selbstverständlicher Aspekt ihres Glaubens. Diese Merkmale können aber auch zum Ausdruck von Ideologisierungen werden – neben dem Kopftuch gilt das etwa für traditionelle Kleidung (etwa Jalabiyya), den Bartwuchs aber auch für Alkohol- oder Schweinefleischverbot. Für Salafist_innen markieren sie in besonderer Weise die Zugehörigkeit zur Gemeinschaft der wahren Gläubigen und dienen ihnen nicht zuletzt zur Abgrenzung von einer als „ungläubig" und unmoralisch abgewerteten Umwelt.

Ganz ähnlich verhält es sich mit **Ritualen**, wie sie in den meisten Religionen eine wichtige Rolle spielen. Das Fasten etwa ist vor allem ein Gemeinschaftserlebnis und spielt gerade für Kinder und Jugendliche eine große Rolle, weil es eine Art Initiation markiert. Im Salafismus dienen Rituale – ähnlich wie religiöse Kleidung und Symbole – allerdings vor allem dazu, das Besondere herauszustellen, Unterschiede zu markieren und sich von anderen abzugrenzen. Rituale werden von ihnen überhöht und ihre Einhaltung unreflektiert eingefordert. Eine strikte Befolgung gilt als Beleg dafür, dass man den „wahren Glauben" tatsächlich lebt. Ebenso kann der intensive Gebrauch von religiösen Floskeln in der **Sprache** sowohl Ausdruck legitimer Suchbewegungen von Jugendlichen sein als auch der gruppenbildenden Abgrenzung dienen und Abwertung von anderen zur Folge haben. *In der pädagogischen Arbeit* ginge es also nicht etwa darum, religiöse Symbole, Rituale oder den Sprachgebrauch infrage zu stellen – wohl aber, die Jugendlichen (und nicht nur die muslimischen!) zum Nachdenken über deren Sinn, Bedeutungen und Funktionen anzuregen.

II. Einstellungen

Ablehnung von Vielfalt, Gruppenbildungen und Abwertung anderer

Die Ablehnung von Vielfalt – religiöser, kultureller, politischer oder lebensweltlicher – ist ein wichtiges Merkmal aller islamistischen Strömungen. Pluralismus und unterschiedliche Einstellungen sowie Denk- und Lebensweisen sind für sie Ausdruck der Abweichung vom wahren Glauben und eine Gefahr für die Einheit. Das äußert sich in der kategorischen Ablehnung anderer Ansichten (meist zunächst derjenigen anderer Muslim_innen), die als falsch, böse, unislamisch, unmoralisch und sündhaft abgewertet und denunziert werden. Wenn Jugendliche entsprechende Positionen formulieren, kann das demnach ein Hinweis auf salafistische Ideologisierung sein. *Pädagogik sollte* aber das Bedürfnis Jugendlicher nach Abgrenzung und Orientierung (auch religiöser) positiv und lebensweltnah aufgreifen („Wie wollen wir miteinander leben?"). Oft handelt es sich dabei um Reaktionen auf Erfahrungen von Nichtzugehörigkeit. „Übertriebene" Reaktionen darauf und deren negative Folgen (z.B. auch „national" begründete Selbstethnifizierungen und Gruppenbildungen) sollten in diesem Zuge aber ebenso reflektiert werden („Wenn Du nicht willst, was man Dir tut …").

Ablehnung von Demokratie und Menschenrechten

In islamistischen Ideologien geht es nicht um legitime Kritik an einzelnen gesellschaftlichen Erscheinungen oder politischen Entscheidungen, sondern um eine generelle Ablehnung der Idee, dass „alle Macht vom Volk ausgeht". Für Islamist_innen ist Gott allein der Souverän, „menschengemachte" Gesetze sind Blasphemie, weil sie Gottes vermeintlich eindeutigen Willen infrage stellen. Unter Jugendlichen – muslimischen wie nichtmuslimischen – ist Skepsis gegenüber der Demokratie aber aus anderen Gründen verbreitet: So hat vor allem internationale Politik Demokratie und Menschenrechte in Verruf gebracht: „Mit Euren Menschenrechten kommt Ihr immer", sagen viele, „wenn es eigentlich um Macht und Öl geht." Damit einher geht oft auch ein auf Wählen und Regieren (=„Herrschen") verkürztes Demokratieverständnis: „Da fordern die Politiker immer Demokratie, aber wenn dann die Hamas gewinnt, ist es auch wieder nicht richtig." *In der Pädagogik* sollten zunächst die legitime Skepsis und die Erfahrungen von Jugendlichen ernst genommen werden und Raum bekommen. Im Anschluss können sie sich darüber Gedanken machen, wie das gesellschaftliche Zusammenleben von Menschen mit ihren unterschiedlichen Interessen (z.B. unterschiedlichen Vorstellungen von Gerechtigkeit) gestaltet werden kann.

„Wir" und „Die" und Verschwörungstheorien

Charakteristisch für islamistische Weltbilder ist das Denken in homogenen Gruppen: „Wir" und „Die" stehen sich hier vermeintlich unvereinbar gegenüber. Das äußert sich zum Beispiel in der Vorstellung, „der" Westen sei materialistisch, individualistisch und stehe „den Muslim_innen" feindselig gegenüber; aber auch in der Behauptung, es gebe nur einen Islam, der von allen Muslim_innen gleich zu denken und zu leben sei. Dieses einfache Weltbild ist auch die Grundlage für Verschwörungstheorien, die im salafistischen Denken eine wichtige Rolle spielen. Wie in anderen Ideologien, die eine eigene homogene Gemeinschaft überhöhen und andere abwerten, ist die Vorstellung einer zeitlosen Verschwörung der Anderen gegen die eigene Gemeinschaft auch für islamistische Weltbilder typisch. Aber Achtung: Affinität gegenüber Verschwörungstheorien ist unter Jugendlichen vergleichsweise stark verbreitet. Daraus sollte nicht auf deren islamistische Ideologisierung geschlossen werden.

III. Verhaltensweisen

Rückkehr und Neuanfang / Rückzug und Mission

Jugendliche, die sich dem Salafismus zuwenden oder in den Salafismus konvertieren, beschreiben dies oft als Neuanfang. Ihr neues Weltbild gilt ihnen als „Stunde Null“, als radikalen Bruch mit dem vorangegangenen Leben. Damit geht oft eine entschiedene Ablehnung von Ideen, Interessen und Orientierungen einher, die ihnen vorher wichtig waren. Oft geht es etwa um die Abwendung von einem als sündhaft beschriebenen, durch Drogen, Rumhängen oder Disziplinlosigkeit geprägten Lebensstil. Nicht selten betrifft das auch die eigene Familie: Jugendliche werfen ihren Eltern vor, sich „anzupassen“ und keine wirklichen Muslim_innen (mehr) zu sein. Salafist_innen unterstützen solche Abwendungen – wie sie auch jungen Konvertit_innen nahelegen, Weihnachten nicht zuhause bei der Familie zu verbringen. Tatsächlich gilt ihnen der Kontakt zu Nichtmuslimen – aber auch zu Muslim_innen, die den Islam anders leben – als potentiell gefährlich. „Sicherheit“ bietet nur der vollständige Rückzug auf die „eigene“ Gemeinschaft.

Dem eigenen Verhalten im „neuen Leben“ kommt daher große Bedeutung zu, es sollte vorbildhaft sein. Dabei spielen oft als „islamisch“ deklarierte und demonstrativ befolgte Verhaltensweisen und Umgangsformen eine besondere Rolle, wie etwa die strikte Einhaltung von Alkohol-, Schweinefleisch und Glücksspielverbot oder von Normen zum Verhalten zwischen Männern und Frauen. Wenn also Jugendliche behaupten, Schminken oder Händeschütteln sei „unislamisch“, dann können auch hier ganz normale Suchprozesse dahinter stehen – es kann sich aber auch um das bereits ideologisierte Bedürfnis nach „Rückkehr“ zu einem vermeintlich wahren, echten oder unverfälschten Islam handeln.

In diesem Kontext steht ein weiteres wichtiges Merkmal islamistischer Bewegungen: der Anspruch, andere von der Richtigkeit des eigenen Glaubens zu überzeugen. Grundsätzlich ist dies – und damit auch das im Islam als Dawa („Einladung zum Islam“) bezeichnete Bestreben – Bestandteil von Religions- und Meinungsfreiheit. Im Salafismus jedoch gilt die Dawa nicht nur als Pflicht jeden Muslims, sonder ist meist mit Abwertung verbunden. Das kann sich zum Beispiel in vehementen Versuchen äußern, andere zum Tragen eines Kopftuchs, zum Gebet oder zum Fasten zu drängen. Typisch für Anhänger des Salafismus ist der soziale Druck und ein Mobbing gegenüber anderen, z.B. Mitschüler_innen, die sich dem vermeintlich richtigen Verhalten verweigern.

Aber: Die Aufforderung von religiösen Muslim_innen an Nichtmuslime, doch zum Islam zu konvertieren, kann genauso Ausdruck von Sympathie sein. Und wenn Marwa zu ihrer Freundin Samira sagt, sie solle lieber fasten, sonst käme sie in die Hölle, dann ist das in der Regel gut gemeinter Rat und nicht Ausdruck salafistischer Ideologie! Auch die Verweigerung des Händeschüttelns kann sowohl Ausdruck salafistischer Distanzierung und Ideologisierung als auch harmloser Suchbewegungen von Jugendlichen sein, in denen „kleine Unterschiede" besonders betont werden. *Prävention und Pädagogik haben es hier schwer:* Kognitive, reflektierende und Ambiguitätstoleranz fördernde haben es in der Regel schwer gegen emotionale Angebote von Gefühlen der Sicherheit, Geborgenheit und Stärke, wie Salafist_innen sie versprechen.

Fazit: All die hier skizzierten Phänomene können Ausdruck und Erkennungsmerkmale salafistischer Ideologisierung sein. Sie müssen es aber nicht. Für die Prävention spielt das ohnehin eine untergeordnete Rolle. Denn (universelle) Prävention reagiert nicht auf „Islamismus" oder „Salafismus", sondern bezieht sich auf konkrete „problematische" Einstellungen, Positionen und Verhaltensweisen. „Problematisch" sind diese dann, wenn sie Werten und Normen widersprechen, die in Pädagogik, Demokratieerziehung oder politischer Bildung vermittelt werden sollen. Der / die Pädagog_in fragt sich also: „Gegen welchen konkreten Wert des Zusammenlebens verstößt xy mit seiner Behauptung?" Das kann im Einzelgespräch oder in der Gruppe („Wie sehen das die anderen?") thematisiert werden. Präventive Interventionen in Schule und Jugendeinrichtung erfolgen also (wie in anderen Themenfeldern auch) immer dann, wenn Jugendliche Gewalt ausüben, andere Jugendliche unter Druck setzen und wenn andere Religionen, Hautfarben, Herkünfte und „missliebige" sexuelle Orientierungen oder Denk- und Lebensweisen abgewertet oder absolute Wahrheitsansprüche formuliert werden. Diese konkreten Positionen und Verhaltensformen werden in der Prävention aufgegriffen und ins Gespräch gebracht.

PRÄVENTION ANTWORTET NICHT AUF „ISLAMISMUS" ODER „SALAFISMUS"

GESCHICHTEN AUS DER PRAXIS II

„Deutsche haben Sex in der U-Bahn" erklärte ein Jugendlicher in einem Workshop in Berlin Kreuzberg auf die Frage, was denn „Türken" und „Deutsche" eigentlich unterscheiden würde. Solche pauschalen und oft abwertenden **Zuschreibungen** sind Teil eines „Wir-und-Die-Diskurses", den Jugendliche aufgreifen und ihrerseits forcieren. (Jugendliche deutscher Herkunft stellen in ihren Beschreibungen oft Strenggläubigkeit oder Machoverhalten als „typisch" für „Türken" oder „Araber" heraus.) Statt auf solche Zuschreibungen mit Zurechtweisung oder Empörung zu reagieren, lohnt es sich, Jugendliche ins Gespräch über unterschiedliche Wertvorstellungen und die Frage zu bringen, ob diese denn religiös oder kulturell geprägt seien. Dabei stellt sich oft heraus: Hinter „übertriebenen" und provokativen Positionen stehen oft ganz verständliche Werte, Ansichten und Wünsche, über die man – auch wenn sie unterschiedlich sein mögen – gut ins Gespräch kommen kann (z.B. wenn es um Formen von Sexualität oder freizügige Körperdarstellungen geht).

Rhetorische Frage aus Fortbildungen mit Pädagog_innen: Dass die **Scharia** ihm wichtiger sei als das Grundgesetz, posaunt einer Ihrer Schüler lauthals in den Unterricht. Wie können Sie darauf reagieren?
1. Ich rufe den Verfassungsschutz.
2. Ich nutze die Gelegenheit und beginne ein Gespräch in der Klasse darüber, was uns im Leben wichtig ist.

4. Woran erkenne ich salafistische Ideologisierung und Radikalisierungsprozesse?

„Radikalisierungsprozesse" finden nur bei einigen wenigen Jugendlichen und jungen Erwachsenen statt. Radikalisierung steht ganz am Ende von Prozessen, die vielfältig und in der Regel über längere Zeit verlaufen. Am Anfang jeder Ideologisierung und später eventuell eintretender Radikalisierung stehen meist „ganz normale" und **legitime Suchbewegungen** von Jugendlichen – z.B. nach Zugehörigkeit. In diesen Anfangsstadien (also dann, wenn auch universelle Prävention noch wirksam werden kann) spielen eine ganze Reihe **alltäglicher Faktoren** (das familiäre Umfeld, die Schule, soziale, religiöse oder kulturelle Herkunft, Berufsperspektiven oder Diskriminierungserfahrungen) eine Rolle dafür, welche Perspektiven und

Orientierungen Jugendliche entwickeln. Wenn in diesen Prozessen **Religion und Religiosität** bedeutsam sind oder werden, fehlt es nicht selten in Familie, Schule oder Moschee an Ansprechpartnern, die Jugendlichen befriedigende Antworten auf ihre Fragen geben könnten.

Vor diesem Hintergrund spielt am Anfang fast jeder Ideologisierung das **Internet** eine zentrale Rolle. Denn im Netz stoßen Jugendliche fast zwangsläufig auf salafistische Angebote, die ihre Fragen (etwa in religiösen Dingen) oder ihren Unmut (etwa zu Diskriminierungserfahrungen) aufgreifen und ihre spezifischen Erklärungen, Antworten und Lösungen bieten. Hier finden Unmutsgefühle eine Erklärung und lassen sich in ein **Weltbild** einfügen: Ich bin nicht der Einzige, der betroffen ist. Die **Ideologie** benennt Schuldige an meiner oder der Misere von „Muslim_innen". In dieser Phase der Ideologisierung können **persönliche Kontakte** hinzukommen – mit salafistischen Gemeinden, einzelnen Predigern und Mentor_innen oder im Rahmen salafistisch geprägter Islam-Seminare.

In Radikalisierungsprozessen spielen diese direkten Kontakte in der Regel eine zentrale Rolle. Jugendliche schließen sich Gruppen Gleichgesinnter an und in der **Gemeinschaft** erfährt die Ideologisierung weiteren Schub: Man bestätigt und bestärkt sich, pusht sich gegenseitig weiter – bis hin zur Überzeugung, dass man endlich zur Tat schreiten muss, für das eigene Seelenheil oder um etwas für das Kollektiv zu tun, in dessen Namen man zu handeln meint. Vielfach spielen dann auch konkrete Ereignisse – im Weltgeschehen oder im eigenen Leben – als **Auslöser** eine Rolle, die „das Fass zum Überlaufen bringen".

Bei Jugendlichen und jungen Erwachsenen, die diesen Schritt von der Gewaltbereitschaft zur Tat machen (etwa sich dem IS anzuschließen), spielen meist weitere individuelle Faktoren in ihrer **Biografie** eine Rolle. Dazu können gehören: traumatische Erfahrungen in der Familie, Gewalt in der Erziehung, als Demütigung wahrgenommene Erfahrungen der Eltern, oftmals psychisch oder physisch abwesende Väter oder Erfahrungen von Perspektivlosigkeit, Entfremdung oder Nichtzugehörigkeit. All das kann **Frustrationen und Ohnmachtsgefühle** hervorrufen, die bei Einzelnen in Wut, Aggression und Gewalt ein Ventil finden können. (Vergleichbar vielleicht mit den Motiven von Amokläufern: Einmal im Leben den Spieß umdrehen, selber obenauf sein, andere klein machen.) Hinzu kommen **naive Abenteuerlust** und der **Wunsch nach Selbstwirksamkeit** von Jugendlichen und jungen Erwachsenen, die fasziniert sind von der Idee, selbst teilhaben zu können und eine wichtige Rolle zu spielen, wenn – so verspricht es ihnen die **Propaganda** – eine neue Gesellschaft, eine neue Welt erbaut wird.

Mögliche Anzeichen von Ideologisierung und Radikalisierung:

- Vertritt jemand extreme religiöse Positionen – v.a. auch gegenüber anderen Muslim_innen? Oder handelt es sich um Provokation auch mittels Tabubruch?

- Liegt dabei ein geschlossenes Weltbild vor? Oder handelt es sich um ideologisches „Experimentieren"?

- Wendet sich der Jugendliche vom Elternhaus und anderen Bindungen (Sportverein, alter Freundeskreis) explizit ab und bezeichnet sie als „Ungläubige" (kuffar)? Oder probiert er gerade „nur" neue Peer-Groups, Szenen, Cliquen aus?

- Bricht der Jugendliche mit seinem bisherigen Lebensstil, wertet er ihn ab? Verschließt er sich? Wer sind die „neuen Freunde", die neue Gruppe? Welche Seiten verfolgt der / die Jugendliche im Internet?

- Ist die neue Zugehörigkeit durch Äußerlichkeiten erkennbar – wie Bart, Kaftan, gekürzte Hosen, Camouflage oder (bei Frauen) strenge Verschleierung?

Anmerkung: All diese Merkmale können Hinweise auf Ideologisierungen oder Radikalisierungen sein, sie müssen es aber nicht. Grund zur Beunruhigung besteht in der Regel erst, wenn mehrere Merkmale zusammen kommen.

DIE "LIES!"-KAMPAGNE: SALAFISTISCHE PROPAGANDA IN FUSSGÄNGERZONEN UND SOZIALEN NETZWERKEN

IV. WIE GELINGT PRÄVENTION?

Prävention wird im Folgenden verstanden als „universelle" (oder „primäre") Prävention im Sinne der Sensibilisierung Jugendlicher für freiheits- und demokratiefeindliche Positionen im Vorfeld etwaiger Ideologisierungen. Allerdings handelt es sich bei der Salafismusprävention um Demokratieerziehung unter spezifischen Bedingungen und Vorzeichen, d.h. mit spezifischen Erfordernissen, Fragestellungen und Zielgruppen: Insbesondere spielen dabei Fragen rund um Religion, Religiosität und Zugehörigkeit eine zentrale Rolle. Die folgenden Hinweise gelten grundsätzlich für Schule und offene Jugendarbeit gleichermaßen – auch wenn die Praxis und die Möglichkeiten in beiden Bereichen teilweise sehr unterschiedlich aussehen. Es bleibt Ihnen, den Pädagog_innen, überlassen, sich (neben den hier vorgestellten) jeweils geeigneter Inhalte, Formate, Methoden und Materialien zu bedienen. Als Leitziel präventiver Arbeit im Themenfeld ließe sich formulieren, Jugendliche in heterogenen Gruppen unter der Leitfrage „Wie wollen wir leben?" zu motivieren und in die Lage zu versetzen, eigene Gedanken zu formulieren und Positionen zu entwickeln und zu vertreten. Denn – so unsere Erfahrung – das schützt sie vor den einfachen Angeboten und Weltbildern des Salafismus und anderer Ideologien. Im Einzelnen zu nennen wären unter anderem folgende Ziele: Förderung von Integration als wechselseitigem Prozess; Begegnung von Islamfeindlichkeit; Entwicklung werteorientierter Positionen von Jugendlichen; „Aushalten" und Respektieren von Diversität, Pluralität und Ambiguität; Sensibilisierung für einfache Welt- und Feindbilder insbesondere freiheitsfeindliche islamistische Einstellungen.

1. Voraussetzungen gelingender Präventionsarbeit

- In der Schule oder Jugendeinrichtung finden seitens der ***Pädagog_innen keine Wir-und-Die-Diskurse*** statt. Islam und Muslim_innen sind selbstverständlich als Teil von Deutschland anerkannt – vor allem gilt das für die in der Regel in Deutschland geborenen Jugendlichen. Die Sprache ist inkludierend, Islamfeindlichkeit (oder ähnliche Positionen) wird dort, wo sie auftritt benannt und ihr begegnet.

- Es besteht eine grundlegende ***Offenheit gegenüber Religion***, Religiosität und

Islam – also keine „Religion-ist-Opium-fürs-Volk"- Haltung (Karl Marx). Im besten Fall sind Pädagog_innen religiös „musikalisch" (Max Weber). Das führt dazu, dass Jugendliche, denen die Religion wichtig ist, gar nicht erst in eine Verteidigungshaltung geraten, aus der sie mühsam wieder herausgeholt werden müssten.

- Die Begegnung mit Muslimen_innen / Migrant_innen sowie die Beschäftigung mit ***Diversität***, Religion und Religiosität ist bereits selbstverständlicher Bestandteil der pädagogischen Arbeit.

- Konflikte oder besondere Vorfälle mit religiös begründeten „problematischen" Positionen und Verhaltensformen von Jugendlichen sind daher nicht Anlass und Ausgangspunkt von Auseinandersetzungen. Vielmehr können diese in die laufende Arbeit einfließen, weil entsprechende Fragen bereits ***anlassunabhängig*** thematisiert wurden.

- In der Prävention bzw. der Bearbeitung „problematischer" Einstellungen wird Wert auf einen zurückhaltenden, ***sensiblen Umgang*** mit dem Themenfeld und einzelnen Begriffen (z.B. „Islamismus") gelegt. Die Pädagog_innen wissen um die Fallstricke und spezifischen Probleme.

2. Spezifische Probleme der pädagogischen Arbeit im Themenfeld

- Bei den Jugendlichen könnte der Eindruck entstehen, Islam und Muslim_innen seien ein „Problem". (Vor dem Hintergrund öffentlicher Debatten entsteht dieser Eindruck sehr schnell.)

- Die Jugendlichen könnten das Gefühl bekommen, sie sollen belehrt (z.B. über ihre Religion bzw. Probleme mit der Religion) oder gar verändert werden.

- Den Pädagog_innen fällt es schwer, mit den Jugendlichen in ein offenes Gespräch zu kommen (z.B. wegen Ablehnung und Vorbehalten gegenüber „den Deutschen").

- Pädagog_innen haben Schwierigkeiten, mit spezifischen Argumenten von Jugendlichen umzugehen und ihnen zu begegnen (z.B. im Umgang mit religiös argumentierenden oder ggf. ideologisch geschulten Jugendlichen).

- Den Pädagog_innen fällt es schwer, zwischen tatsächlich „problematischen" Positionen, bloßen Provokationen und authentischem Ausdruck von Religiosität zu unterscheiden.

- Bei den Pädagog_innen/in der Einrichtung besteht ein unklares Selbstverständnis: Welche Haltung nehme ich (z.B. zu religiösen Fragen) ein? Welche Rolle spielt das in der Einrichtung, in meiner eigenen Arbeit? Wie reagiere ich darauf?

3. Islamfeindlichkeit und Rassismus

Das Aufgreifen und Thematisieren von Diskriminierungserfahrungen und die Sensibilisierung für unterschiedliche Formen von Diskriminierungen sollte grundsätzlich ein wesentlicher Aspekt pädagogischer Arbeit sein. Unserer Erfahrung nach ist das auch Voraussetzung von gelingender präventiver Arbeit.

Benachteiligungen bei der Wohnungs- und Arbeitsplatzsuche, Anschläge auf Moscheegebäude, Skepsis und Ablehnung gegenüber Islam und Muslim_innen, tätliche Übergriffe – Islamfeindlichkeit und antimuslimischer Rassismus sind real existierende Probleme. Die Wahrnehmung von Menschen mit muslimischem Glauben als *Problemgruppe* zieht sich quer durch alle Bevölkerungsgruppen. Islamfeindliche und rassistische Äußerungen finden sich nicht nur bei notorischen Islamhassern – sie tauchen beinahe überall dort auf, wo über Muslim_innen gesprochen und geschrieben wird. Junge Muslim_innen lässt das nicht kalt. In vielen Beiträgen zeigen sie sowohl das Bedürfnis, persönliche Diskriminierungserfahrungen oder Erlebnisse der Eltern zu verarbeiten als auch über Sorgen um berufliche Perspektiven und Ängste zu sprechen. Teilweise schlägt diese Angst auch in Wut um. Einige muslimische Jugendliche machen pauschal *den Staat*, *die Politiker*, *die Medien* oder einfach *die Deutschen* für erfahrene Diskriminierung verantwortlich. Oft übersehen sie dabei: Natürlich sind nicht alle nichtmuslimischen Menschen in Deutschland islamfeindlich oder rassistisch.

Wird diese Enttäuschung und Wut junger Muslim_innen in islamistischer Propaganda instrumentalisiert, verdichten sich reale Erfahrungen und ideologische Deutungsmuster zu geschlossenen Feindbildern.

Muslim_innen seien demnach eine von allen Seiten bedrohte Gruppe, die sich gegen Feindlichkeit und Rassismus erwehren müsse – wenn nötig sogar mit Gewalt. Diese sich ausschließlich als Opfer eines gesamtgesellschaftlichen Ressentiments verstehende Sichtweise verhindert gleichzeitig ein aktives und konstruktives Engagement gegen Diskriminierung.

Der pädagogische Umgang mit Diskriminierungserfahrungen, Unmut, Unbehagen aber auch mit Wut und Aggression sollte behutsam erfolgen. Gerade weil von Islamfeindlichkeit – ob selbst erlebt oder am Beispiel anderer wahrgenommen – viele Jugendliche persönlich betroffen sind, gilt es zunächst vor allem zuzuhören und aufrichtiges Interesse zu zeigen. Zwar mögen einige Aussagen oder Erfahrungen den Reflex hervorrufen, „Das stimmt so nicht!" zu sagen. Aber nur wenn Jugendliche sich in ihrem Unwohlsein, ihrer Angst oder auch in ihrer Wut wahrgenommen und anerkannt fühlen, kann von ihnen erwartet werden, in einem zweiten Schritt eigenes Schwarz-Weiß-Denken und eigene Feindbilder zu hinterfragen. Es kann in diesem Zusammenhang sinnvoll sein, Islamfeindlichkeit und Antimuslimischen Rassismus als eine Spielart von Gruppenbezogener Menschenfeindlichkeit zu vermitteln. Sobald Jugendliche nachvollziehen, dass unterschiedliche Arten von Diskriminierung, so zum Beispiel auch Sexismus, Behindertenfeindlichkeit, Homophobie oder Antisemitismus mittels ähnlicher Mechanismen funktionieren, gehen sie auch selbstkritisch mit eigenen Vorurteilen und eigenem diskriminierendem Verhalten um. Begleitet werden sollten diese Auseinandersetzungen immer vom Aufzeigen verschiedener Handlungsmöglichkeiten und Beispielen aktiven Engagements gegen Diskriminierung.

Hintergrundinformationen, Materialien und Methoden zu Rassismus und Islamfeindlichkeit finden Sie hier: lpb Baden Württemberg / ufuq.de: Muslim_innen in Deutschland. Lebenswelten und Jugendkulturen, in: Politik & Unterricht. Zeitschrift für die Praxis der politischen Bildung, 3 / 4 2012

4. Pädagogische Inhalte: Signale der Anerkennung

Pädagog_innen wünschen sich oft klare Argumente und konkrete Handlungsanweisungen, mit denen sie effektiv arbeiten können. Expertenwissen, rein kognitiv und argumentierend geführte Auseinandersetzungen und ein Methodenbaukasten führen aber in der Prävention nicht zum Leitziel, sich untereinander auszutauschen und eigene Gedanken zu machen. Der hier demgegenüber vorgeschlagene diskursive Ansatz lässt sich auf zwei Ebenen beschreiben: zum einen geht es um die Inhalte der pädagogischen Arbeit; und zum anderen um die Haltung der Pädagog_innen selbst. Zunächst Hinweise zu Inhalten der pädagogischen Praxis:

- Geben Sie den Jugendlichen ***Raum***, sich untereinander über ihre Fragen zu Identität, Zugehörigkeit, Herkunft oder Religion auszutauschen. Stellen Sie dabei eigene Interventionen soweit wie möglich zurück.

- Thematisieren Sie die ***Vielfalt*** der Jugendlichen in „Ihrer" Gruppe. Sie kommen aus sehr unterschiedlichen Elternhäusern, was die Herkunft, die Berufe der Eltern, die Religiosität oder ihre Lebenswelt angeht. Das gilt selbstverständlich auch für die Muslim_innen in der Gruppe, die mit dem Etikett „muslimisch" meist nicht einmal annähernd beschrieben sind. Diversität deutlich zu machen, kann den respektvollen Umgang miteinander fördern und die Jugendlichen vor Stereotypen und Ideologien der Ungleichheit und kollektiver Identität schützen.

- Signalisieren Sie ***Anerkennung*** und bestärken Sie ***Zugehörigkeit***. Gerade für Jugendliche mit Migrationshintergrund ist das immer noch alles andere als selbstverständlich. Dazu können (in der Schule) in den jeweiligen Fächern inhaltliche Akzente gesetzt werden, die erkennbar machen, dass die Jugendlichen mit ihrer Religion, Kultur und Herkunft selbstverständlich „dazugehören" (z.B. Herkunftsregionen und Biografien von Eltern, der Nahostkonflikt oder die türkische Süper Lig). Sie sollten das Verhalten von Jugendlichen aber ***nicht kulturalisieren***: Oft ist es stärker durch das soziale Milieu geprägt, aus dem sie kommen, als durch Religion oder Herkunftskultur der Eltern.

- Beziehen Sie die ***Lebenswelten*** der Jugendlichen ein. Gespräche, in denen Jugendliche sich eigene Gedanken machen, gelingen wenn es auch um Alltagsfragen geht, die sie interessieren – gleich, ob es um den Umgang mit einem Handydiebstahl in der Klasse, die beliebtesten Youtube-Videos, Sexualität oder die Frage geht: „Wie würdet Ihr denn Eure Kinder erziehen?“ Im Idealfall ***moderieren*** Pädagogen diese Gespräche, sie lenken sie nicht.

- ***Gerechtigkeit*** bzw. Fragen von Recht und Unrecht bewegen Jugendliche. Kein Zufall also, dass der Wunsch nach Gerechtigkeit auch von radikalen Stimmen bedient wird. Die Sensibilität für Ungerechtigkeit und die Empathie mit Betroffenen sind starke Ressourcen, die sich in der pädagogischen und präventiven Arbeit nutzen lassen. Dabei lernen die Jugendlichen, dass es keine einfachen Antworten gibt, sondern es unterschiedliche Vorstellungen von Gerechtigkeit auszuhalten gilt. Das schließt den Aspekt von Empowerment ein: nämlich sich für die eigenen Überzeugungen und Interessen zu engagieren.

FRAGEN ZUR EINLEITUNG VON GESPRÄCHEN

„Sehen das hier alle so?“, „Kennt Ihr Muslim_innen, die das anders sehen?“

„Was ist denn für Euch ein guter Muslim?“

„Wo gibt es überall Regeln? Welchen Sinn haben sie? Welche Werte stehen dahinter?“

„Warum haltet Ihr Euch an bestimmte Regeln genauer als an andere?“

„Welche Regeln wünscht Ihr Euch für unsere Schule / Gesellschaft?“

„Was wünscht Ihr Euch für Eure Kinder? Wie würdet Ihr Eure Kinder erziehen?“

Achtung: *Pädagog_innen geben hier keine Antworten. Sie belehren nicht, sie zeigen ihr Interesse, respektieren die Positionen der Jugendlichen, ihre Fragen sollen nicht auf Veränderung zielen – auch Rituale und Regeln sollten nicht infrage gestellt werden. Die Jugendlichen spüren das und ziehen sich zurück. Ziel ist das Gespräch, sind Reflektion und Perspektivwechsel, wobei zunächst keine Position „höherwertig“ ist als andere.*

- ***Religion*** ist ein Thema, dass viele Jugendliche in der einen oder anderen Weise bewegt, vor dem viele Pädagog_innen indes zurückschrecken. Dabei können sie auch hier viel bewegen: Etwa indem sie Religiosität schlicht anerkennen; oder indem sie das Gespräch von Besonderheiten wie Ritualen (zum Beispiel das Beten und Fasten) und Vorschriften auf Werte lenken, die selbstverständlich auch im Islam dazugehören (Toleranz, Barmherzigkeit, soziale Verantwortung etc.), die von den Jugendlichen aber oft erst im zweiten Anlauf genannt werden. Damit lässt sich eine Werteorientierung fördern und Gemeinsamkeiten zwischen Religionen und Weltanschauungen herausstellen. Auch die Vielfalt von Lebens- und Denkformen innerhalb des Islam bzw. unter Muslim_innen könnte angesprochen werden – sie ist den Jugendlichen durchaus bewusst.

- Wenn Sie können (Lehrmaterial hilft dabei), können Sie die ***Vereinbarkeit von Islam, Demokratie und moderner Gesellschaft*** aufzeigen. Unsere Erfahrungen zeigen: Nicht wenige Jugendlichen muslimischer Herkunft stecken in einem Loyalitätskonflikt, da ihnen sowohl zuhause, in ihrer Community als auch seitens der Öffentlichkeit in Schule, Politik und Medien häufig suggeriert wird, nur eines sein zu können – islamisch und herkunftsbewusst oder demokratisch und deutsch. Wird ihnen jedoch Anerkennung signalisiert und deutlich gemacht, dass sie sehr wohl beides sein können, sieht man manchmal förmlich, wie eine Last von ihren Schultern fällt.

- Die Förderung ***kritischer Medienkompetenz*** (v.a. im Internet) wäre ein wesentlicher Beitrag zur Prävention. Formate und Materialien dazu gibt es – die Sensibilisierung speziell für salafistische Propaganda könnte dabei ein Beispiel unter anderen für die Auseinandersetzung mit ideologisch geprägten Darstellungen in Medien sein. Die Beschäftigung mit Gewaltdarstellungen wäre ein anderes mögliches Thema.

- Begriffe und ***Schlagworte*** aus den öffentlichen Diskussionen sollten sensibel oder nicht verwendet werden. Zu häufig hinterlässt die Verwendung solcher Begriffe (z.B. Islam und Islamismus) bei Muslim_innen den Eindruck, ihre Religion werde vor allem als Problem im Kontext von Gewalt und Terrorismus wahrgenommen.

- ***In der Schule*** sollten – z.B. durch Fortbildungen, aber auch mit Zeit und Raum für kollegiale Beratung – Kollegien sensibilisiert und die Handlungsfähigkeit gefördert werden. Dazu kann auch eine werteorientierte (!) Klarheit über Regeln, Grundrechte sowie die rechtlichen Vorgaben beitragen. Außerdem könnte die demokratiepädagogische Praxis in der Schule insgesamt gestärkt und überlegt werden, wie Eltern und Schüler_innenschaft in die Prävention einbezogen werden können. Grundsätzlich spielen Haltung und Initiativen der Schulleitung eine große Rolle für Kompetenzentwicklung und Klima als Voraussetzung gelingender pädagogischer und präventiver Arbeit.

MATERIALIEN UND METHODEN / FORMATE FÜR DIE PÄDAGOGISCHE ARBEIT ...

... zu diesen Themen finden Sie in dem von ufuq.de und der Hochschule für angewandte Wissenschaften Hamburg (HAW) erstellten **Filmpaket:** *„Wie wollen wir leben? Filme und Materialien für die pädagogische Praxis zu Islam, Islamfeindlichkeit, Islamismus und Demokratie“*. Themen der Filme und Methoden sind: Identität und Zugehörigkeit; Islam, Scharia und Grundrechte; Islamfeindlichkeit; Medienkompetenz und Empowerment; Antisemitismus; Geschlechterrollen; Salafismus und Dschihadismus.

Weitere Methoden und Materialien finden Sie in dem von ufuq.de für die lpb-Baden Württemberg erstellten **Heft für den Unterricht:** *„Muslime in Deutschland“* aus der Reihe Politik & Unterricht (s. Literaturverzeichnis).

Aktuelle Informationen, Materialien und Methoden für die pädagogische Praxis finden Sie ebenfalls auf unserer **Website**.

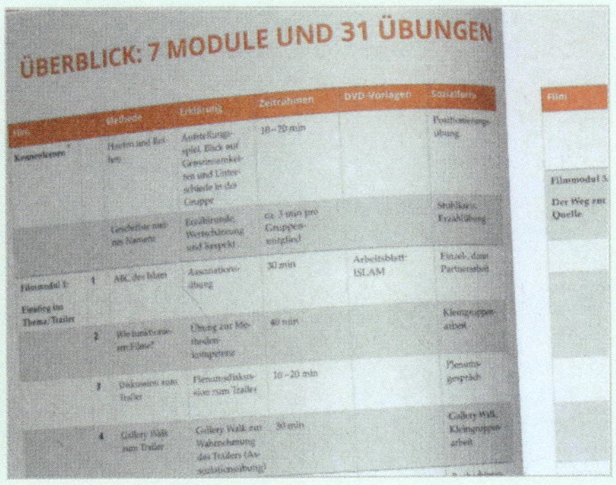

5. Pädagogische Haltungen: Dialog statt Konfrontation

Mitunter wichtiger und oft die Voraussetzung dafür, Inhalte überhaupt vermitteln zu können, ist die **Haltung von Pädagogen**, mit denen sie „ihren" Jugendlichen gegenübertreten, die dafür sehr sensibel sind. „Pädagogisch fruchtbar ist nicht die pädagogische Absicht, sondern die pädagogische Begegnung", so formuliert es Martin Buber. Es sind im Grunde allgemeine „Weisheiten", die auch in eine pädagogische Arbeit mit Jugendlichen mit Migrationshintergrund ganz selbstverständlich eingehen, die präventiv wirken soll. So gelten etwa die Grundsätze des **Beutelsbacher Konsens** der politischen Bildung: Überwältigungsverbot, Kontroversitätsgebot und Schüler- bzw. Lebensweltorientierung.

Das Ziel, Jugendliche miteinander ins Gespräch zu bringen, sie zu eigenständigem Denken zu motivieren und für die Gefahren von Stereotypen, einfachen Antworten und Feindbildern zu sensibilisieren, erreichen Pädagog_innen am Besten mit einer offenen, interessierten, **zugewandt nach- und hinterfragenden Haltung.** Es geht weniger um kognitive Lernprozesse und den Austausch von Argumenten. Die Jugendlichen sollen nicht widerlegt, belehrt oder überzeugt werden und nicht das Gefühl bekommen, sie sollten „verändert" werden. Deshalb initiieren und moderieren Pädagog_innen die Gespräche lediglich. Dabei sollten sie zunächst vorbehaltlosem Zuhören genügend Raum geben und den **Mut und die Geduld** aufbringen, die Jugendlichen ruhig einmal ihre Überzeugungen, Positionen und Interessen formulieren und präsentieren zu lassen.

„Der Prozess, der zwischen dem jungen Menschen und mir abläuft, ist gar nicht so verschieden, von der gemeinsamen Bemühung, ein Goethe-Gedicht zu interpretieren: Wenn ich die Gefühle meiner Schüler nicht nachvollziehen kann, kann ich sie auch nicht respektieren; wenn ich sie nicht respektiere, bin ich kein guter Lehrer. Die Wirksamkeit meines Beitrags zur Terrorismus-Prävention zeigt sich nicht darin, wie entschieden ich die Gewalt ablehne, sondern wie unvoreingenommen ich bereit bin, mich auf die **Sichtweise meines Schülers** einzulassen. Denn erst dann kann ich mit ihm den langen, schwierigen Weg zu den entscheidenden moralischen Fragen gehen."

aus: Kurt Edler, Was heißt pädagogische Islamismus-Prävention? 2009

Kritikwürdigen oder kontroversen Positionen begegnen die Pädagog_innen dabei möglichst nicht selbst, sondern setzen ihr **Vertrauen in die Gruppe** und den Diskussionsprozess. („Was meint Ihr dazu, was xy gerade gesagt hat?“, „Wie sehen die anderen das?“, „Kennt das noch jemand?“.)

Durch **kreatives Nachfragen**, das Ausmalen von Konsequenzen („Was hätte es für Folgen, wenn wir es so machen, wie xy vorschlägt?“) oder Wunsch- und Zukunftsfragen („Wie würdet ihr es machen?“, „Wie sollte es sein?“) kann dieser Prozess gefördert werden. Auch kritische und konfrontative Fragen sind jedoch möglich: „Ich finde es falsch, was Du da sagst, aber es interessiert mich, wie Du darauf kommst?“ In dieser Form können z.B. Mobbing, Abwertungen, Beleidigung, Diffamierung oder Fälle Gruppenbezogener Menschenfeindlichkeit (GMF) in der Gruppe besprochen werden, ohne dass dabei ein spezifischer religiöser oder kultureller Hintergrund eine Rolle spielt.

Sagen Sie nicht zu schnell **„Ja, aber …“**. Das tun wir ohnehin alle viel zu oft. Sagen Sie „Ja“ zu Positionen von Jugendlichen – entweder, weil Sie sie teilen oder weil Sie sich dafür interessieren. Verweilen Sie bei diesem „Ja“, fragen Sie nach, weil Sie mehr darüber wissen wollen. Halten Sie Ihr „aber“ möglichst lange zurück. Erst wenn im Zuge des Gesprächs Positionen in Gewaltlegitimation, Ideologien, Abwertungen und Wahrheitsansprüchen münden, intervenieren Sie – möglichst, indem sie die Gruppe einbeziehen. („Wie sehen die anderen das?“). Die Jugendlichen spüren das authentische „Ja“ und die Wertschätzung, die ihnen oder ihren Gedanken gilt. Auf dieser Basis sind sie eher bereit, das „aber“ zu akzeptieren, andere Meinungen zu- und sich auf Perspektivwechsel einzulassen.

GESCHICHTEN AUS DER PRAXIS III

Einen **Gebetsraum** in der Schule forderten lautstark einige muslimische Jugendliche eines Gymnasiums in Hamburg. Nach langem Hin und Her beschloss die Schule, einen „Raum der Stille" als Rückzugsraum für alle SuS einzurichten. Damit waren auch diejenigen Schüler_innen einverstanden, die einen Ort zum Gebet verlangt hatten. Nach zwei Wochen stellte sich dann heraus, dass keine/r von ihnen mehr zum Beten kam. Eigentlich war es den Jugendlichen nämlich gar nicht um das Gebet gegangen. Der Gebetsraum war vielmehr ein Symbol für das auf die Probe gestellte Bemühen der Schule, die Besonderheiten und Wünsche der Jugendlichen ernst zu nehmen.

Eine Gruppe von Jugendlichen ereifert sich über „die **Medien**" – die seien mit ihrer unfairen und falschen Berichterstattung nämlich dafür verantwortlich, dass Islam und Muslim_innen in Deutschland so negativ betrachtet würden. Die Gruppe findet Beispiele, die Empörung wächst, alle fühlen sich betroffen. Das geht ein paar Minuten so – alle Medien seien Mist und ungerecht ... Die Lehrkraft sagt nichts und hält sich heraus! Nur ab und zu greift sie ein, damit alle zu Wort kommen. Irgendwann wird es einem zu langweilig: „Sagt mal", gibt er zu Bedenken, „machen wir nicht gerade das gleiche mit den Medien, was wir ihnen vorwerfen?"

Allerdings sollten Pädagogen nicht nur die Jugendlichen zu **Perspektivenwechseln** anregen („Wie wäre es für dich / Euch, wenn ...?"), sondern solche so oft wie möglich selbst vornehmen. Aussagen wie „Ah, stimmt. So habe ich das noch nie gesehen ..." fördern die Offenheit der Jugendlichen sehr. Die **Offenheit** von Pädagog_innen sollte sich auch auf Religiosität, hier insbesondere islamische, erstrecken. Vielfach können sie mit Religion und Religiosität wenig anfangen und begegnen ihr mit Skepsis, einer aufklärerischen Attitüde und an die Jugendlichen gerichteten Erwartungen. Diese nehmen – gleich ob sie religiös sind oder nicht – eine solche Haltung als Nichtanerkennung und Respektlosigkeit wahr. Sie sehen sich zur Selbstbehauptung gezwungen und es entstehen unfruchtbare „Kampfbeziehungen". Demgegenüber kann die deutliche **Anerkennung** von Religion, Kultur und Herkunft ein sehr hilfreiches Signal sein und im Weiteren die Grundlage auch für kontroverse Auseinandersetzungen in Sachfragen bilden.

Versuchen Sie, auch extreme **Provokationen als Gesprächsangebote** zu betrachten. Denn die schon mal als „Schlampe" titulierte Lehrerin ist womöglich gar nicht persönlich gemeint. Vielmehr stehen dahinter oft Frustrationen, Unmut und Protesthaltungen, die durchaus nachvollziehbare Motive haben können, von Jugendlichen aber in unangemessener Weise und mitunter schwer auszuhaltender Form zum Ausdruck gebracht werden. Interesse am Inhalt und klare Abgrenzung von der Form wären hier Optionen der Reaktion auf ein Verhalten, das mit Islam oder gar Salafismus in der Regel nichts zu tun hat. Das ist eine ziemliche Zumutung und eine Herausforderung – das soll es aber ja auch sein.

„DAS GRAS WÄCHST NICHT SCHNELLER, WENN MAN DARAN ZIEHT"

Pädagog_innen hilft hier manchmal eine Portion „**Demut**". Wenn Sie mit provokativen Positionen und Verhaltensformen konfrontiert sind, sollten die ersten Fragen immer sein: „Was ist der sachliche Kern, das Anliegen, das hinter der Provokation steht?" Und dann: „Wie habe möglicherweise ich selbst und wie hat eventuell meine Schule zu solchem Verhalten beigetragen? Was lässt sich da ändern?" Allerdings liegen die Antworten nicht selten außerhalb Ihres unmittelbaren Einflusses. Etwa wenn Jugendliche aus schwierigen Familienverhältnissen kommen und sich in einer „Einwanderungsgesellschaft" zurecht finden müssen, die es ihnen schwer macht, ihren Platz zu finden. Da ist die Dynamik aus familiären und / oder gesellschaftlichen Bedingungen und den Verhaltensformen „betroffener" Jugendlicher einfach „größer" als Sie. Dann hilft es niemandem, wenn Sie gegen Wände laufen, denn Sie können und sollen nicht die Jugendlichen, ihre Familien und schon gar nicht die Welt verändern. Sie können ihnen aber Angebote machen – und Vertrauen haben in den Prozess.

6. Übersicht: Themen, Ziele und Empfehlungen für die pädagogische Arbeit

Im Folgenden stellen wir ausgewählte Themen und Ziele vor, die in der (präventiven) pädagogischen Arbeit behandelt und verfolgt werden können. Wir geben dazu an dieser Stelle lediglich Handlungsempfehlungen. Konkrete Methoden zur Umsetzung wie etwa Aufstellungen, Gallery Walks, Rollenspiele, Fragestellungen für Gespräch und Diskussion, Dilemmaübungen oder Text- und Gruppenarbeit müssen jeweils der Gruppe / Klasse und dem Anliegen entsprechend gestaltet werden *(Materialien dazu s.S. 65f.)*.

Ziel	Handlungsempfehlung
Empowerment: Anerkennung des Selbstverständnisses als deutsche Muslim_innen; bzw. von Islam und Muslim_innen als Teil von Deutschland	• Aufzeigen der Normalität des Islam und muslimischer Lebenswelten • positives Aufgreifen religiöser Fragen und Positionen: Anerkennung von Religiosität als Ressource • Herkunft / Biografien / Leistungen der Eltern thematisieren und würdigen
Reflexion über Werte und Glaubensvorstellungen	• Geben Sie Raum für Religion und religiöse Vorstellungen (auch im „säkularen“ Kontext) • Religion bleibt Glaubenssache: Kritisieren Sie religiöse Haltungen nicht als solche, zielen Sie nicht auf Veränderung, regen Sie zum Nachdenken an • Förderung von Werteorientierung, um Gemeinsamkeiten statt Unterschieden zu betonen: religiös wie nichtreligiös begründete Orientierungen folgen oft gleichen Werten und Normen, die „übersetzt“ und lebensweltnah veranschaulicht werden können • Die Jugendlichen diskutieren, welche Werte ihnen wichtig sind, welche im Islam wichtig sind und welche grundlegend für die Demokratie sind? Wo liegen die Gemeinsamkeiten?

Ziel	Handlungsempfehlung
Diskriminierungserfahrungen Raum geben und begegnen	• Anerkennen von Diskriminierungs- und Entfremdungserfahrungen sowie von Islamfeindlichkeit und antimuslimischem Rassismus in der Gesellschaft: Ansprechen, Raum geben • Handlungsoptionen aufzeigen (z.B. Thematisieren in der Schule, Beratungsangebote, rechtliche Möglichkeiten, Herstellen von (Medien-)Öffentlichkeit) • Sensibilisierung für die Gefahr, dass eine Opferrolle zur Ideologie wird und ein Feindbild („der Westen" oder „die NichtMuslim_innen") entstehen kann • Frage (am Beispiel zu erörtern): Wo kippt legitime Kritik in Ideologie und Feindbilder?
Sensibilisierung für demokratie- und freiheitsfeindliche Positionen sowie für Gruppenbezogene Menschenfeindlichkeit (GMF)	• Arbeiten Sie lebensweltnah zu verschiedenen Formen von Gruppenbezogener Menschenfeindlichkeit – Islamfeindlichkeit und Salafismus sind zwei unter vielen Erscheinungsformen. • Frage: Welche Folgen haben daraus abgeleitete Verhaltensformen für das Zusammenleben (in Klasse, Schule, Einrichtung, Kiez oder Gesellschaft)? • Leitfragen: „Wie wollen wir leben?" „Was können wir tun, damit alle sich sicher und wohl fühlen?"
Medienkompetenz fördern	• Spektrum ausgewählter Medien analysieren: Sind alle gleich? Wer berichtet wie? Welche Gründe könnte es dafür geben? • Umgang mit Quellen üben (v.a. Internet): Wie entstehen Meinungen? Was glauben wir? Woher kommen Informationen? Gibt es eine Wahrheit oder unterschiedliche Perspektiven? • Jounalist_innen einladen: Wie funktionieren Medien?

Ziel	Handlungsempfehlung
Reflexion über Regeln, Normen, Gebote und Verbote	• Fragen: Was sind Regeln, Normen und Gebote? Wie geht Ihr in Eurem Leben damit um? Welche sind Euch wichtiger als andere? Warum? • Wer bestimmt darüber, welche Regeln gelten? Wer sorgt dafür, dass sie eingehalten werden? Ist das gerecht?
Förderung von Ambiguitätstoleranz	• Gerechtigkeit ist ein wichtiges Thema für Jugendliche. Was aber gerecht ist – darüber kann es unterschiedliche Vorstellungen geben: Die Jugendlichen erörtern anhand möglichst lebensweltnaher Beispiele (z.B. Handydiebstahl in der Klasse), was gerecht ist. • Was sehen religiöse wie nichtreligiöse Regeln vor? Wie geht Rechtsprechung vor?
Reflexion über Geschlechterrollen	• Vertiefung zu Regeln und Normen: Ist es Euch wichtig, besonders männlich oder weiblich zu sein? Wer entscheidet, was überhaupt „männlich" oder „weiblich" ist? • Zukunftsfrage zu Rollenbildern: „Wie würdet ihr eure Kinder erziehen?" • Sprechen Sie über unterschiedliche Vorstellungen von „Ehre", „Stolz" und „Respekt" … Spielen Angst und Gewalt dabei eine Rolle?
Reflexion über Politik, Gesellschaft und internationale Entwicklungen	• Aufgreifen tagesaktueller Nachrichten, die die Jugendlichen beschäftigen, in einer „Aktuellen Stunde" • Differenzierende Darstellung komplexer Zusammenhänge (Perspektivwechsel), ohne die Frage von „Schuld" klären zu wollen (z.B. Nahostkonflikt) • Frage: Welche Möglichkeiten gibt es (für uns), Einfluss zu nehmen?

Ziel	Handlungsempfehlung
Reflexion über Krieg und Gewalt	• Fragen und Themen: Welche Kriege werden gegenwärtig geführt auf der Welt? Worum geht es in diesen Kriegen? Welche Rolle spielt Religion? Wie werden Kriege von den Kriegsparteien dargestellt?
Sensibilisierung für Hintergründe und Motive islamistischer Akteure	• Hintergrundinformationen geben: Wer sind die Gruppen? Welche und wessen Interessen verfolgen sie? • Gespräch initiieren: Was sind die Folgen?
Alternativen zu islamistischer Ideologie ins Gespräch bringen, Sinnangebote und Partizipationsmöglichkeiten sichtbar machen	• Vielfalt muslimischen Lebens ins Gespräch bringen • lebensweltnahe „Vorbilder“ • Religiöse und nichtreligiöse Initiativen ins Gespräch bringen, die Teilhabe, Gemeinschaft und Engagement ermöglichen (lokal, regional, global)

7. Ein „Rezept für alle Fälle“

Die folgenden sechs Schritte geben Ihnen eine Handlungsorientierung im Fall von Positionen und Verhaltensweisen „Ihrer“ Jugendlichen, bei denen sie nicht wissen, ob dahinter legitimer Protest, gezielte Provokation oder ideologisierte Propaganda steht:

Schritt eins:
Beziehen Sie Positionen und Konflikte nicht auf Kultur, Islam oder Islamismus! Oder anders: Fragen Sie sich nicht, was „problematische“ und provozierende Positionen oder Verhaltensformen von Jugendlichen mit Islam, Kultur oder Islamismus zu tun haben könnten.

Schritt zwei:
Fragen Sie vielmehr:
a) Worum geht es hier eigentlich? Was ist das Thema hinter dem Thema?
b) Wie habe möglicherweise ich selbst (oder die Schule / Einrichtung / Gesellschaft) zu solchen Verhaltensformen beigetragen?

Schritt drei:
Sagen Sie „Ja“, seien Sie offen und interessiert für das Anliegen (auch wenn es in Form einer Provokation zum Ausdruck kommt) und geben Sie den Jugendlichen ausreichend Raum und Zeit, ihre Ansichten und Perspektiven darzulegen und auszutauschen.

Schritt vier:
Sagen Sie nur „Aber …“, d.h. intervenieren Sie nur, wenn es dabei zu Abwertungen, absoluten Wahrheitsansprüchen und antipluralistischen bzw. freiheitsfeindlichen Positionen (Aaa) kommt und diese in der Gruppe unwidersprochen bleiben.

Schritt fünf:
Fragen Sie die Jugendlichen nach ihren Wünschen und Vorstellungen zum jeweiligen Thema („Wie wollen wir leben?“) und regen Gespräch und Diskussion an.

Schritt sechs:
Wenn ein Gespräch oder eine Diskussion in der Gruppe zu diesem Thema gelingt, haben wir unsere pädagogische Aufgabe erfüllt und können zufrieden nach Hause gehen.

8. Checkliste: Umgang mit Fällen von Ideologisierung in Schule und Jugendarbeit

Der Schwerpunkt dieser Broschüre liegt in der Vorbeugung von salafistischer Ideologisierung. In der Regel werden Sie es nämlich in der pädagogischen Arbeit „nur" mit „problematischen" Positionen und Provokationen oder mit ideologischen Fragmenten zu tun haben. Hier können Sie mit den genannten Inhalten, Haltungen und Methoden arbeiten. Die Übergänge zu tatsächlicher salafistischer Ideologisierung können allerdings fließend sein: Was, wenn ich feststelle, dass ein Jugendlicher regelmäßig auf salafistischen Seiten surft? Was, wenn ich bemerke, wie sich Jugendliche aus meiner Klasse zunehmend an salafistischen Positionen orientieren? Hier stellen sich Fragen: Wie fortgeschritten ist die Ideologisierung einer/s Jugendlichen bereits? Was können wir dagegen tun? Wir stellen Ihnen im Folgenden für solche Fälle eine „Checkliste" vor, an der Sie sich orientieren können. Wesentlich erscheint uns dabei der Austausch und das gemeinsame Vorgehen von Kolleg_innen. Auch hier handelt es sich noch nicht um Arbeit zur „Deradikalisierung". Im Verlauf der internen Auseinandersetzung mit dem „Fall" wäre aber zu prüfen, ob nicht externe Einrichtungen und Stellen eingeschaltet werden sollten, die gefährdete Jugendliche und junge Erwachsene ansprechen und ggf. Ausstiegsprozesse initiieren können (*Adressen dazu finden Sie im letzten Kapitel*).

1. Haltung einnehmen

Aufsetzen einer „pädagogischen Brille": Wir sehen „Jungs" (und Mädchen) in Not, die auf Abwege geraten sind (nicht etwa: gefährliche Terroristen). Halten Sie Kontakt zu dem / der Jugendlichen und signalisieren Sie, dass er / sie als Person weiterhin akzeptiert wird, auch wenn Sie Positionen und Meinungen nicht teilen. Fragen Sie nach Idealen und Motiven hinter Positionen und Weltbildern, ohne diese zu verurteilen. Teilen Sie ggf. Empörung über Leid und Ungerechtigkeit, zunächst ohne die daraus abgeleiteten Positionen / Ideologien zu thematisieren.

2. Inhalte prüfen („Was liegt vor?")

In einem „Verhaltens- und Positionscheck" tauschen die beteiligten Akteure (z.B. im Kollegium) ihre Erfahrungen bzgl. des „Falls" aus:

a) Welches „problematische" Verhalten, welche Positionen sind aufgetreten?

b) Welche Erfahrungen gibt es mit bereits erfolgten Reaktionen auf dieses Verhalten (gelungene und gescheiterte Interventionen)?

c) Analyse: Welche (individuellen) Motive stehen hinter dem „problematischen" Verhalten? (z.B. Provokation oder Ideologie; Familie; Protest ...).

3. Erste Handlungsphase

Ansprache und Maßnahmen, die auch dem Schutz der Gruppe (Klasse, Peers ...) dienen sollen:

a) Je nach Analyse können Maßnahmen (z.B. individuelle Ansprache oder Arbeit mit der jeweiligen Gruppe zu spezifischen Themen) verabredet und durch einzelne beteiligte Akteure umgesetzt werden. Dazu sollten realistische und überprüfbare Ziele verabredet und definiert werden.

b) Im Zuge der Maßnahmen / Ansprachen sollte eine dialogische Haltung eingenommen werden, um die Gesprächsbereitschaft (Offenheit) des / der betreffenden Jugendlichen zu erproben (s.o.). Die Arbeit sollte sachorientiert (= verhaltens- und positionsbezogen) sein. Auf ideologischer Ebene können evtl. Irritationen (Verunsicherungen) das Ziel sein.

4. Prüfungsphase

Analyse der Ergebnisse von Ansprachen und Maßnahmen: Welche Resultate sind erkennbar?

a) Ist eine Fortführung der Maßnahmen zielführend?

b) Können die Maßnahmen ergänzt werden – z.B. durch Hinzuziehen von „Expert_innen" aus dem Netzwerk vor Ort: wie Islamismusfachleuten, Psychologen, Imamen oder anderen Autoritäten) oder durch Vertrauenspersonen (Familie, Sportvereine etc.)?

5. Zweite Handlungsphase

In dieser zweiten Phase können ergänzende Maßnahmen mit ggf. „von außen" hinzugezogenen Expert_innen oder entsprechenden Einrichtungen eingeleitet, durchgeführt und ausgewertet werden.

Achtung: Zu jeder Zeit sollte im begründeten Fall auch der Schritt zu fachspezifischen Beratungsstellen, Polizei oder lokalen Moscheegemeinden erwogen werden, wenn diese nicht ohnehin schon Akteure im Netzwerk sind. Sie können ggf. besser einschätzen, wie weit eine Ideologisierung fortgeschritten ist; oder beurteilen, in welchen Kreisen (Umfeld, Vereine, Internet) ein / e Jugendliche / r sich bewegt. Dieser Schritt sollte z.B. erfolgen, wenn Jugendliche sich explizit von ihrer als „ungläubig" denunzierten Familie abwenden, extrem abwertend über andere Muslim_innen, Moscheen oder Prediger sprechen und Gewaltbereitschaft oder ernst zu nehmende (nicht provokative) Sympathie für gewalttätige Gruppen zeigen ... (s.o.). Der Schritt „nach draußen" ist auch erforderlich, um sich selbst (bzw. die Einrichtung) zu schützen – sich also nicht zu überschätzen oder zu überfordern. Wichtig für das Gelingen des Zusammenwirkens mit externen Unterstützungsangeboten ist der Kontakt und ein Vertrauensverhältnis zu den jeweiligen Akteuren und Stellen in einem Netzwerk, das idealerweise schon besteht, bevor es zu Problemen und Konflikten kommt.

9. Fallbeispiele: Übung zu Prävention und Begegnung

I. Gemeinsames Beten im Ramadan

Kurz vor dem Monat Ramadan wendet sich in einem Jugendzentrum, das etwa zur Hälfte von arabisch- und türkischstämmigen und zur anderen Hälfte von herkunftsdeutschen Jugendlichen besucht wird, eine Gruppe von fünf Jugendlichen an die Pädagog_innen und bittet, während des Ramadan abends auf dem Bolzplatz der Einrichtung gemeinsam beten zu können. Einige der Jugendlichen, die den Wunsch äußern, besuchen das Jugendzentrum seit Jahren. Ein Jugendlicher, der die Idee aufgebracht hat, kommt erst seit Kurzem. Die Betreuer_innen kennen ihn kaum.

Machen Sie sich Gedanken zu folgenden Punkten:

- Was spricht dafür, auf den Wunsch einzugehen?
- Was spricht dagegen?
- Entwerfen Sie ein Szenario für eine Lösung.
- Worin bestehen Chancen, Schwierigkeiten und Risiken bei der Umsetzung?

II. Phasen der Veränderung

Quelle: LI-Hamburg / bearb.

Ein volljähriger Auszubildender fällt an seiner beruflichen Schule dadurch auf, dass er sein Äußeres verändert (Bartwuchs, langes Gewand) und seine Mitschüler_innen für den Islam zu gewinnen versucht. Im Unterricht bringt er das Gespräch oft auf religiöse Fragen und verbindet diese mit weltpolitischen Ereignissen. Dem Klassenlehrer kommt über einen Mitschüler zu Ohren, dass der Auszubildende in seiner Freizeit mit Gleichaltrigen nicht nur Kampfsport betreibt, sondern auch an paramilitärischen Trainings teilnimmt.

Monate nach seinem Schulabschluss sieht sein Klassenlehrer ein Foto seines Schülers in der Zeitung. Er liest, dass der junge Mann nach Syrien gegangen und dort als Mitglied einer islamistischen Kampfgruppe ums Leben gekommen ist.

Aufgabe: Welche Möglichkeiten haben Lehrkräfte und Schulen, eine solche Entwicklung zu verhindern? Denken Sie dabei insbesondere auch an Maßnahmen, die an verschiedenen Phasen einer Entwicklung ansetzen können.

V. WAS SAGT DER KORAN DAZU?

Pädagog_innen fragen immer wieder nach Belegen / Zitaten aus den religiösen Quellen, um sie in ihrer Arbeit mit den Jugendlichen „einsetzen" zu können. Darin liegt durchaus eine Option – aber vor allem auch ein Risiko! Deshalb kommt es immer darauf an, wie und mit welcher Haltung Koranverse oder Berichte über Handlungen und Aussagen des Propheten Muhammad (Hadithe) verwendet werden:

Sollen sie als Beweis für eine bestimmte Position dienen? Sollen Positionen und Überzeugungen der Jugendlichen mit ihrer Hilfe verändert werden? Dann verwenden Sie bitte keine Verse! Als Pädagog_innen sind Sie kein/e Theolog_innen (und meistens nicht einmal muslimisch), die Verse stehen immer in einem Kontext, einfache Weis- und Wahrheiten lassen sich damit nicht behaupten – das tun nur Fundamentalist_innen. Die Jugendlichen nehmen wahr, dass es darum geht, sie zu verändern – und werden sich eher zurückziehen oder in eine Abwehrhaltung gehen, die auch in ein unsinniges „Suren- oder Verse-Pingpong" münden kann.

Wenn also Jugendliche ihre Positionen mit Zitaten aus Koran und Sunna (Hadithe) begründen, können Sie mit der Gruppe über deren mögliche Bedeutungen ins Gespräch gehen: Was könnte damit gemeint sein? In welchem Kontext könnte eine Aussage so oder so verstanden werden? Wie lässt sich die Aussage auf unterschiedliche Sachverhalte aus der Lebenswelt der Jugendlichen übertragen? Falls Sie selbst Zitate aus Koran und Sunna verwenden, tun Sie das sensibel und lediglich als Anregung zur Reflektion, zum gemeinsamen Nachdenken und Abwägen. „Guckt mal, da ist ein Vers aus dem Koran, der vielleicht etwas mit unserem Thema zu tun haben könnte. Was denkt Ihr?" Hier gibt es kein Lernziel! Ziel ist es lediglich, einen Beitrag zum Gespräch unter den Jugendlichen zu leisten.

Wir möchten an dieser Stelle ausdrücklich keine Auswahl von Zitaten aus Koran und Sunna bereit stellen. Wenn Sie sich selbst auf die Suche machen wollen – im Internet zum Beispiel – dann sollten Sie gefundene Zitate durchaus überprüfen. Dazu bietet sich u.a. die kommentierte Koranübersetzung von Hartmut Bobzin (2010) an, die auch über ein Register verfügt, mit dem sich nach Begriffen (z.B. „Gutes tun, gute Taten") suchen lässt. Weitere anerkannte Übersetzungen sind die von Rudi Paret (älter, wissenschaftlich, teils schwer verständlich), Adel Theodor Khoury oder Muhammad Asad (kommentiert). Eine Übersetzung ausgewählter Passagen bieten Kaddor / Müller im „Koran für Kinder und Erwachsene" (z.B. Kapitel 3: „Mitmenschen"). Auch in islamischen Religionsbüchern für den Unterricht finden sich Anregungen – z.B. bei Kaddor / Müller, Khorchide oder Uçar.

VI. UFUQ.DE: ARBEIT UND ANGEBOTE

Prävention setzt im Vorfeld von etwaigen Ideologisierungen an und zielt darauf, Jugendliche zu sensibilisieren, zu schützen, zu stärken und zu motivieren. Das gelingt unserer Erfahrung nach am Besten, wenn wir ihnen Räume eröffnen – zum Nachdenken und um miteinander ins Gespräch zu kommen. Sie lernen dabei, eigene Wünsche und Positionen zu entwickeln und zu formulieren. Insbesondere heißt das auch: Jugendlichen die Chancen und Möglichkeiten von Pluralismus in Politik und Gesellschaft erfahrbar zu machen und Wege aufzuzeigen, wie sie mit seinen Zumutungen umgehen können. Unsere Erfahrung: Wenn Jugendliche – gerade auch in Sachen Religion – eigene Perspektiven und Standpunkte entwickeln, verlieren ideologische Positionen und ihre Vertreter_innen ihre Anziehungskraft.

Mit diesem Ziel bietet *ufuq.de* in verschiedenen Städten in Kooperation mit lokalen Partnern **Teamer-Workshops** für Jugendliche in Schulen und Jugendeinrichtungen an. Dazu schulen wir junge Teamer_innen (meist mit Migrationshintergrund und mehr oder weniger religiös). In den Workshops arbeiten sie mit Kurzfilmen, die eigens für die pädagogische Arbeit von ufuq.de und der Hochschule für angewandte Wissenschaften Hamburg (HAW) produziert wurden (Themen der Filme s. S. 39). Die Teamer_innen arbeiten im Rahmen von Projekttagen oder im Unterricht (mind. 3 x 2 Stunden) mit den Jugendlichen. Der Vorteil dieser Kurzzeitinterventionen: Wir können auf diese Weise viele Jugendliche erreichen, denn auch in dieser relativ kurzen Zeit können wichtige Anstöße gegeben werden. Mit den Filmen, den Methoden und nicht zuletzt mit den Teamer_innen selbst können die Jugendlichen neue Erfahrungen machen („So´nen Muslim habe ich ja noch nie gesehen!", „Schön, dass wir endlich mal Zeit hatten, frei über diese Themen zu reden …"), die sie zum Nachdenken anregen und miteinander ins Gespräch bringen. Schon das schützt sie vor einfachen Welt- und Feindbildern. Wortführer_innen im Klassenraum oder in der Jugendgruppe verlieren ihre „Lufthoheit" in Sachen Religion. Dazu trägt wesentlich bei, dass die Workshops auf der einen Seite besonderes Gewicht auf Fragen und Themen der Jugendlichen im Umfeld von Religion und Zugehörigkeit legen, auf der anderen aber einen universell präventiven Ansatz (Demokratieerziehung und Werteorientierung) verfolgen. So funktioniert die Arbeit auch in den in der Regel „gemischten Gruppen": Nichtmuslim_innen lernen Islam und Muslim_innen einmal ganz anders kennen („Vielleicht sollte die Idee des Dschihad im Christentum auch mal eingeführt werden?!") und gemeinsam spricht man über Wünsche, Werte und Ideale („Wie wollen wir leben?").

Auch im Internet sind unsere Teamer_innen unterwegs: In einem Pilotprojekt mit der Robert Bosch Stiftung erproben wir, wie politische Bildung und aufsuchende **Jugendarbeit online** gelingen kann. Außerdem bietet *ufuq.de* **Fortbildungen** für Multiplikator_innen an. In den vergangenen Jahren wurden so bundesweit über 2.000 Multiplikator_innen aus den verschiedensten Bereichen geschult: Von Lehrkräften über Sozialpädagog_innen, Polizist_innen, Mitarbeiter_innen von Kommunen und kommunalen Einrichtungen bis zu jungen Peer-Educators. Und *ufuq.de* ist **Kooperationspartner** in verschiedenen weiteren **Initiativen und Projekten** zu Islam, Islamfeindlichkeit und Islamismusprävention – sowohl in Kommunen, auf Länderebene als auch in EU-Programmen. Zuletzt haben wir eine Beratungsstelle in Augsburg eröffnet, die im Land Bayern Netzwerke etablieren und für Beratung und Fortbildung zur Verfügung stehen wird.

Unser **Portal für Pädagogik zwischen Islam, Islamfeindlichkeit und Islamismus** wendet sich an Pädagog_innen und andere Multiplikator_innen aus Schule und Jugendarbeit *(www.ufuq.de)*. Hier stellen wir Hintergrundinformationen, Beiträge zu aktuellen Debatten, die auch „Ihre" Jugendlichen bewegen, sowie Anregungen, Materialien und Formate für die pädagogische Praxis zur Verfügung – zum Beispiel in den Dossiers aus dem Projekt „Was postest Du?" *(www.ufuq.de/Publikationen)*

Aktuelles von *ufuq.de* finden Sie natürlich auch auf unserer Facebookseite.

ufuq.de arbeitet seit 2007 wissenschaftlich, publizistisch und pädagogisch zu Jugendkulturen, Islam, Islamfeindlichkeit, Islamismus und politischer Bildung. Die Mitarbeiter_innen des Berliner Vereins sind Islam-, Kultur- und Sozialwissenschaftler_innen, Pädagog_innen und Didaktiker_innen. Ziel unserer Arbeit ist es, dazu beizutragen, dass Islam und Muslim_innen in Deutschland zu einer Selbstverständlichkeit werden – wobei schwierige Fragen und Konflikte nicht ausgeklammert werden, sondern nach einem konstruktiven Umgang gesucht wird. Der Verein betreibt dazu ein **Internetportal**, liefert Hintergrundinformationen, erstellt **Materialien** und Methoden für die pädagogische Praxis, bietet in einigen Städten **Teamer-Workshops** mit Jugendlichen und bundesweit **Fortbildungen** für Multiplikator_innen an. Außerdem beraten wir Politik, Medien, Kommunen, Schulen und Jugendeinrichtungen.

UFUQ-WORKSHOP MIT JUGENDLICHEN IN EINER BERLINER SCHULE

VII. SCHLAGLICHTER

Im Folgenden geben wir Hinweise zu einzelnen Themen und Fragestellungen, die in der pädagogischen Arbeit mit Jugendlichen und jungen Erwachsenen immer wieder auftauchen. Die Auseinandersetzung mit diesen Themen ist oft nicht einfach – sie bietet aber unserer Erfahrung nach die Chance, zu einem besseren Umgang mit spezifischen Fragen oder Konflikten zu gelangen, die religiös konnotiert sind oder in Bezug zu Herkunft und Migrationsbiografien der Jugendlichen stehen. Meist fehlt den Jugendlichen der Raum, sich gerade mit solchen Fragen zu beschäftigen und darüber zu sprechen. In diesem „Vakuum" können ideologische Positionen unterschiedlicher Couleur Gehör finden … Die folgende Liste solcher Themen und Fragestellungen erhebt keinen Anspruch auf Systematik oder Vollständigkeit.

Mehr Informationen und Hinweise zu einzelnen Einträgen aus dieser Übersicht sowie zu weiteren Schlagworten finden Sie im Glossar zur Handreichung auf www.ufuq.de.

Antisemitismus: Ist in Form antijüdischer Stereotype oder Beleidigungen („Du Jude") und Abwertungen bishin zu Verschwörungstheorien unter Jugendlichen deutscher wie nichtdeutscher Herkunft verbreitet – allerdings in unterschiedlicher Offenheit, meist fragmentarisch und selten in Verbindung mit einer kohärenten antisemitischen Weltanschauung. In der Regel werden solche Positionen nicht religiös begründet. Selbst Salafist_innen erkennen die anderen monotheistischen Religionen und ihre Propheten meist grundsätzlich an – allerdings nicht als gleichwertig. In radikal-islamistischen bzw. -salafistischen Positionen werden indes Abwertung und Hass gegenüber Juden religiös begründet. Die allermeisten Muslim_innen sehen das anders, zumal sich eine Haltung interreligiöser Toleranz ebenfalls unter Bezug auf die Quellentexte begründen lässt. Allerdings projizieren Jugendliche häufig eigene Frustrations- und Ohnmachtserfahrungen auf „die Juden". Das ist eine Herausforderung für die pädagogische Arbeit, aber meist kein Hinweis auf eine salafistische Ideologisierung.

Hinweise zur pädagogischen Arbeit zu Antisemitismus finden Sie u.a. hier: Jochen Müller / ufuq.de: Zwischen Berlin und Beirut – Antisemitismus bei Jugendlichen arabischer / türkischer und / oder muslimischer Herkunft, in: lpb Baden Württemberg (Hg.): Antisemitismus heute, in: Der Bürger im Staat 4-2013

Beten: Ist ein Thema an vielen Schulen und Jugendeinrichtungen. Dabei versuchen viele Schulen dem Wunsch nach individuell oder auch zu mehreren verrichteten Gebeten nachzukommen, wenn dabei nicht bestehende Regeln (z.B. Pausenzeiten) verletzt werden. Der Wunsch nach einem Gebetsraum kann für Schule oder Einrichtung eine

Chance sein, Offenheit gegenüber religiösen Anliegen zu zeigen und ins Gespräch darüber zu gehen, ob und unter welchen Bedingungen ein Raum (z.B. „Raum der Stille" für alle) zur Verfügung gestellt werden kann. Im Nachgang hat die Schule / Einrichtung natürlich die Pflicht, den Umgang mit und rund um den Gebetsraum im Blick zu halten – so kann z.B. Druck auf betende oder nichtbetende SuS nicht akzeptiert werden.

Demokratie, Menschenrechte, FDGO und Grundgesetz: Sind als „Argumente" in der Auseinandersetzung dann nicht geeignet, wenn sie von Pädagog_innen plakativ vorgetragen werden. Der Bezug auf „unsere" Demokratie oder „unser" Grundgesetz wird schnell als Teil eines „Wir-und-Die"-Diskurses verstanden. Er vermittelt Jugendlichen nichtdeutscher Herkunft das Gefühl, sie müssten erst Leistungen erbringen, Bedingungen erfüllen und sich verändern, bevor sie dazugehören können. In der pädagogischen Arbeit sollten also vielmehr jene Werte im Mittelpunkt stehen, die Demokratie, Menschenrechten oder FDGO (aber eben auch dem Islam und anderen Religionen) zugrunde liegen. Idealerweise können Jugendliche diese Werte im Gespräch anhand von Beispielen aus ihrem Alltag selbst für sich entdecken („Wie wollen wir leben?").

Dschihad(ismus): Es sind so genannte „Dschihadisten" wie die vom IS oder Al-Qaida, die das islamische Konzept des „Dschihad" (arab. für: persönliche Anstrengung) als Pflicht interpretieren, den Islam mit Gewalt zu verbreiten bzw. anders denkende Muslim_innen und / oder Nichtmuslim_innen zu bekämpfen. Das hat wesentlich dazu beigetragen, dass viele Muslim_innen wie Nichtmuslim_innen unter Dschihad lediglich Krieg, Gewalt und Terror verstehen. Dabei kennt die islamische Theologie den Begriff als „kleinen" und als „großen" Dschihad: Der „Kleine Dschihad" dient der militärischen Verteidigung von Muslim_innen; der „Große Dschihad" beschreibt einen Weg der inneren Vervollkommnung des Einzelnen auf dem Weg, ein besserer Mensch zu werden. Für die meisten Theolog_innen spielt der „kleine Dschihad" heute kaum noch eine Rolle. (Die dafür häufig verwendete Übersetzung „Heiliger Krieg" ist inhaltlich falsch und kommt in der islamischen Theologie nicht vor.) In der pädagogischen Arbeit kann es sehr lohnend sein, mit Jugendlichen darüber nachzudenken, was es denn heißt, sich darum zu bemühen, ein guter Mensch (oder ein_e gute_r Muslim_in) zu sein.

Fasten: Ist immer wieder Thema in Schule und Jugendeinrichtungen. Wenn Kinder und Jugendliche fasten, tun sie das meist aus eigenem Antrieb – kann das Mitfasten doch als eine Form der Initiation gelten: Wer fastet, gehört zu den Großen. Dennoch kann Fasten – z.B. bei Abiturklausuren im Hochsommer oder wenn Jugendliche einen „Wettbewerb" daraus machen – negative Auswirkungen auf einzelne Jugendliche haben. Gespräche unter Jugendlichen zu den unterschiedlichen Umgangsformen sollten ruhig initiiert werden, ohne dass sie den Eindruck bekommen, ihre Religion solle „schlecht gemacht" oder ihnen „ausgeredet" werden. Wenn Jugendliche also in der Schule auf dem Fasten bestehen, sollten nicht die Eltern dahinter vermutet werden (die finden das oft gar nicht so gut) und schon gar nicht gleich an Salafismus gedacht, sondern berücksichtigt werden, dass diese Verhaltensformen als Markierungen von Identität und Zugehörigkeit eine besondere Bedeutung haben können. Wenn daraus aber Abwertungen und Repressionen auf andere Jugendliche entstehen, die diesen religiösen Normen nicht folgen möchten oder sie anders verstehen, muss Schule oder Einrichtung darauf reagieren.

Geschlechterrollen: Der Anteil von Frauen im salafistischen Spektrum liegt bei etwa 20–30 %. Auch unter den Personen, die in den vergangenen Jahren nach Syrien und Irak ausreisten, finden sich Mädchen und junge Frauen, die den IS unterstützen wollen und die seit einiger Zeit zunehmend zielgerichtet rekrutiert werden. Attraktiv könnten hier erscheinen: ein Gefühl von Rollensicherheit, aber auch Möglichkeiten, innerhalb salafistischer Netzwerke aktiv zu werden, zum Gelingen des „Projekts" beizutragen und auf diese Weise Achtung und Selbstwertgefühl zu erlangen. Dabei weist das salafistische Weltbild Mädchen und Frauen eine spezifische und dem Mann nicht gleichberechtigte Position und Rolle zu. Darin unterscheiden sich salafistische Geschlechterbilder aber oft nicht wesentlich von nicht-salafistischen Zuschreibungen von Männlichkeit und Weiblichkeit, wie sie in vielen traditionellen Milieus nicht ungewöhnlich sind. In der pädagogischen Arbeit können Rollenbilder und Fragen zur Erziehung von Jungen und Mädchen gut angesprochen werden – die Jugendlichen reden grundsätzlich gern darüber, wollen aber in ihren Ansichten nicht „bekehrt" oder gegen ihre Eltern „mobilisiert" werden. *(Material und Methoden dazu finden Sie auch im „Filmpaket"; s. S. 39)*

Haram und Halal sind religiöse Termini, die auch von muslimischen Jugendlichen häufig verwendet werden – etwa wenn es um Gummibärchen geht. Kurz gesagt bezeichnen sie religiös untersagtes oder unschickliches bzw. erlaubtes Verhalten. In der dualistischen Weltsicht von Salafisten dient die Fixierung auf diese Kategorien dazu, klare, eindeutige Antworten und Orientierungen vorzugeben. Danach ist eine Sache oder ein Verhalten entweder „gut" oder „böse". Abweichungen oder „Verstöße" gelten ihnen als „unislamisch"und werden im Extremfall bekämpft. Theologisch gesehen ignoriert diese Engführung die Vielfalt, Mehrdeutigkeit und Interpretationsbedürftigkeit von Werten und Normen wie sie in den religiösen Quellen vorgegeben sind und wie sie von Muslim_innen im Alltag praktiziert werden. Wenn also Jugendliche in diesen Kategorien sprechen, ist meist nicht Salafismus im Spiel, sondern die Suche nach Orientierung. Das eröffnet die Möglichkeit, sie zum Nachdenken über Werte, Normen und **Fragen von Ethik und Moral** anzuregen, die auch in salafistischer Propaganda eine große Rolle spielen. Legitime Kritik an Erscheinungen wie Materialismus, Medien- und Drogenkonsum, sexuelle Freizügigkeit oder Egoismus, die auch unter Jugendlichen verbreitet ist, wird von Salafisten religiös begründet und ideologisiert: Sie konstruieren daraus das Bild einer „gottlosen", vom Sittenverfall geprägten Gesellschaft, der sie ihre Vision einer „gottgefälligen" Gemeinschaft gegenüberstellen. Solche Themen können in der Pädagogik eine wichtige Rolle spielen. Mit Jugendlichen lässt sich darüber sehr gut sprechen – und in diesem Zuge verdeutlichen, dass es keine einfachen Antworten auf die Frage „Wie wollen wir leben?" geben kann.

Homophobie: Ist unter Jugendlichen mit und ohne Migrationshintergrund verbreitet. Auch sind die Motive von Homophobie als einer Form von Gruppenbezogener Menschenfeindlichkeit vielfältig und haben oft mehr mit sozialen Problemen zu tun als mit der Religion oder anderen kulturspezifischen Besonderheiten. Allerdings finden sich offen homophobe Positionen in Milieus häufiger an, in denen traditionelle Werte und Normen zu Familie und Sexualität dominieren – und werden hier nicht selten auch religiös begründet. In der pädagogischen Arbeit sollten unterschiedliche Vorstellungen von Moral und Sexualität sowie Normen des Zusammenlebens ins Gespräch gebracht werden – solange dabei niemand und keine Gruppe abgewertet / beleidigt / ausgeschlossen wird.

Internet: Das Internet gehört zu den wichtigsten Aktionsfeldern des Salafismus. Jugendliche, die hier nach Antworten auf alltägliche Fragen zum Islam suchen, landen so schnell bei Angeboten salafistischer Akteure, die oft attraktiver gestaltet sind als diejenigen etablierter islamischer Vereine und Verbände. Das gilt auch für die Propaganda von Dschihadisten, die Jugendliche mobilisieren, indem sie ihnen Gemeinschaft, Abenteuer und die Teilhabe am Aufbau einer neuen, gerechten Gesellschaft versprechen. Oft erkennen Jugendliche nicht die Problematik dieser unterschiedlichen Angebote aus dem salafistischen Spektrum ... Die Förderung kritischer Medienkompetenz sollte – aber nicht nur am Beispiel des Salafismus – zum Standardprogramm von Pädagogik und politischer Bildung gehören.

Islam und Demokratie / Scharia und Grundrechte sind selbstverständlich miteinander vereinbar – auch wenn Fundamentalist_innen das Gegenteil behaupten. Für Millionen Muslim_innen in Deutschland gehören sie selbstverständlich zusammen. Der Islam schreibt den Menschen kein Regierungssystem und auch keine für alle Zeiten gültige und unveränderliche Gesetze vor. Unveränderlich ist der Wortlaut der Quellen – die Menschen sind aber damit beauftragt, diese zu interpretieren und umzusetzen. Dementsprechend ist die Scharia nicht etwa ein Gesetzbuch, sondern die Gesamtheit der in den Quellen (Koran und Sunna) vorgegebenen Werte und Normen, deren Befolgung die Menschen Gott näher kommen lassen (Scharia = arab.: der Weg zur Tränke / zu Gott). Der Islam gibt Muslim_innen Werte wie Barmherzigkeit, gegenseitige soziale Verantwortung und Gerechtigkeit vor – einen Spitzensteuersatz sucht man im Koran aber vergeblich ... Hier müssen die Menschen anhand der vorgegebenen Leitlinien zu eigenen Schlüssen kommen. Fundamentalist_innen ist jede Interpretation der Quellen ein Graus – dabei ist ihr eigenes Islamverständnis nichts anderes als eine (eben ihre) Interpretation. In der pädagogischen Arbeit ist es von großer Bedeutung, die Vereinbarkeit von Islam und Demokratie nicht infrage zu stellen. Das tun Salafist_innen und oft auch Politik und Medien bereits genug.

Islam und Gewalt: „Der Islam" müsse sein Verhältnis zur Gewalt klären – das hörte man zuletzt nach dem Terroranschlag gegen Charlie Hebdo immer wieder. In Wirklichkeit haben sich die allermeisten islamischen Theologen und Gelehrten immer und immer wieder gegen Gewalt im Namen ihrer Religion ausgesprochen. Und auch 99 % der Muslim_innen weltweit haben ihr Verhältnis zur Gewalt längst geklärt. Das schließt nicht aus, das militante Strömungen die Religion in ihrem Sinne interpretieren. Unterschiedliche Formen und Rechtfertigungen von Gewalt können Thema pädagogischer Arbeit sein – und Jugendliche sensibilisieren für die Propaganda von Dschihadist_innen und anderen gewaltorientierten Ideologien.

Islam und Tradition: „Steht so im Koran" sagen Jugendliche nicht selten zu den verschiedensten Fragen – zum Beispiel wenn es um Geschlechterrollen geht. Ein anderer Spruch trifft es da oft schon eher: „Isso bei uns". Denn die meisten Jugendlichen wissen wenig über ihre Religion. Vielmehr kommen einige aus Familien, in denen konservative oder traditionelle Normen und Verhaltensmuster dominieren und oft mit Bezug auf die Religion begründet und bekräftigt werden. In der pädagogischen Arbeit kommt es auch hier darauf an, die Jugendlichen zum eigenständigen Nachdenken anzuregen („Wie wollen wir leben?"). Dabei gilt es, auch andere als die eigenen und gewohnten Vorstellungen zu akzeptieren („Wir sehen die Dinge nicht so wie sie sind, wir sehen sie so wie wir sind") und die Jugendlichen dürfen nicht das Gefühl bekommen, sie sollten verändert werden. Viele Jugendliche erbringen in für sie oft schwierigen Konstellationen große Leistungen und verbinden dabei ganz unterschiedliche an sie gerichtete Erwartungen und Lebenswelten miteinander.

Kopftuch: Das Tuch tragen Jugendliche und junge Musliminnen aus ganz unterschiedlichen Gründen: Es kann Ausdruck der Religiosität sein oder ein modisches Accessoire. Andere tragen es mehr oder weniger freiwillig, weil es in ihrer Umgebung (Nachbarschaft, Familie) zum „guten Ton" gehört, wieder andere werden dazu gezwungen. Für Salafist_innen ist das Kopftuch eine religiöse Pflicht, es nicht zu tragen eine Sünde. Gerade für religiöse, oft sehr gebildete, junge Frauen kann das Kopftuch auch ein Symbol von Integration und Emanzipation sein. Häufig gegen den Willen ihrer Eltern („Mädchen, lass das sein, denk doch an deine Karriere!") tragen sie aus ihrem Islamverständnis heraus ein Kopftuch und fordern gerade mit dieser Besonderheit gesellschaftliche Zugehörigkeit und Anerkennung, nicht zuletzt im Beruf … Kurzum: Unter ganz unterschiedlichen Vorzeichen kann das Kopftuch zur Markierung von kollektiver Identität oder religiösem Selbstverständnis dienen. Per se ist es aber weder Zeichen von Unterdrückung noch Ausdruck besonderer Religiosität.

Nahostkonflikt: Der Konflikt ist für viele Jugendliche bedeutsam – auch für solche ohne direkte Beziehung zur Region. Sie solidarisieren sich mit Palästinenser_innen, weil sie sich mit deren Geschick und Geschichte verbunden fühlen. So ist für einige der Nahostkonflikt auch Ausdruck und Symbol der Diskriminierung und Unterdrückung „der

Muslime“. Daran können Salafist_innen in ihrer Propaganda anknüpfen. Aus legitimer Kritik und legitimem Mitgefühl wird hier aber ein Feindbild: „Der Westen“ gegen „die Muslime“. Die pädagogische Arbeit kann an dieser Schnittstelle ansetzen: Kritik und Empathie können positiv aufgegriffen und ihnen Raum gegeben werden. Daraus abgeleitete pauschale Feindbilder lassen sich dann hinterfragen: „Geht es in dem Konflikt um Religion und gegen Muslime?“

Paradies und Hölle sind für viele Jugendliche Orte, von deren buchstäblicher Existenz sie überzeugt sind. Dieses Islamverständnis unterscheidet sie nicht von Angehörigen anderer Religionen. Zu „schwarzer“ oder „Angstpädagogik“, wie wir sie auch aus dem Christentum kennen, wird das, wenn mit der Angst vor Teufel, Hölle oder göttlicher Strafe erwünschtes Verhalten herbeigeführt werden soll. Mit der Angst vor der Hölle arbeiten auch Salafisten gerne: Zahllose Videos beschwören die Höllenqualen herauf, die bei Positionen und Verhaltensweisen zu erwarten seien, die Salafisten für „unislamisch“ halten. Wer sich nicht an die ihrem Islamverständnis entsprechenden Vorschriften hält, landet demnach in der Hölle, wer sie streng einhält, kommt ins Paradies. Kritische Stimmen wenden demgegenüber ein, dass sich niemand an Gottes Stelle setzen und vorhersagen könne, wer ins Paradies komme.

Prediger: Spielen im Spektrum des Salafismus eine wichtige Rolle. Für einige Jugendliche sind sie Vorbilder, denen sie gerne folgen. Sie fühlen sich von ihnen nicht manipuliert, sondern angesprochen. Pädagogik kann die Rolle von Vorbildern thematisieren und auch Pädagog_innen in Schule und Jugendarbeit können Bindungsangebote machen.

Mehr über einzelne Prediger finden Sie im Glossar zur Handreichung auf www.ufuq.de.

Schiiten: Gehören (wie andere muslimische Minderheiten) für den radikalen Salafismus zu Abtrünnigen, die bekämpft werden müssen, wie es etwa in Syrien / Irak geschieht. Tatsächlich geht es dort im Konflikt zwischen Sunniten und Schiiten vor allem um Politik, Macht und Einfluss in der Zeit nach Assad und Saddam Hussein. Aber auch in Deutschland werden junge Schiit_innen von Salafist_innen „schräg angeguckt“ und abgewertet. Da gegenseitige Vorbehalte unter jungen Muslim_innen durchaus verbreitet sind, lohnt es sich in der pädagogischen Arbeit darauf einzugehen und die Vielfalt religiöser und nichtreligiöser Denk- und Lebensformen zu betonen. Das gelingt auch, wenn weniger die Unterschiede und vielmehr die Gemeinsamkeiten der Religionen und ihrer Konfessionen herausgearbeitet werden.

Syrien/Irak: Viele Jugendliche bewegen die Entwicklungen und der Krieg in der Region stark. Einige wollen selbst aktiv werden – was bis zur provokativ verkündeten Unterstützung des IS gehen kann. Andere fühlen sich angesichts der Bilder hilf- und machtlos, was von radikal-salafistischer Propaganda aufgegriffen wird: „Muslim_innen sterben – und ihr macht nichts. Kommt zu uns!“ Pädagogische Arbeit sollte auch solch schwierige Themen aufgreifen und – zum Beispiel – nach den Hintergründen und Motiven des Kriegsgeschehens („Krieg gegen Muslime?“) fragen. Außerdem können Optionen des Handelns aufgezeigt werden, wie etwa das Engagement von muslimischen und nichtmuslimischen Hilfs- und Spendenorganisationen.

Achtung: Einige Hilfsvereine und Benefizveranstaltungen stehen selbst im Umfeld des Salafismus. Auskunft über seriöse Spendenorganisationen erhalten Sie beim „Verband Deutsch-Syrischer Hilfsvereine“ (www.verband-dsh.de).

VIII. LITERATUR, MATERIALIEN, WEBSITES UND ADRESSEN

Im Folgenden haben wir lediglich eine Auswahl v.a. neuerer Literatur zum Themenfeld zusammengestellt. (Weitere kommentierte Hinweise – Stand 2013 – finden Sie im Literaturverzeichnis unseres Handbuchs „Wie wollen wir leben?“). Anschließend finden Sie Hinweise auf Materialien für die pädagogische Arbeit sowie Einrichtungen, an die Sie sich wenden können.

Literatur und Websites

Bundschuh / Drücker u.a. (IDA): **Islamfeindlichkeit – Aspekte, Stimmen, Gegenstrategien** (2012)

El-Gayar / Strunk (Hg.): **Integration vs. Salafismus. Identitätsfindung muslimischer Jugendlicher in Deutschland. Analysen-Methoden der Prävention-Praxisbeispiele** (2014)

Gutenberger / Schroeter-Wittke (Hg): **Religionssensible Schulkultur** (2015)

Herding (DJI): **Radikaler Islam im Jugendalter. Erscheinungsformen, Ursachen und Kontexte** (2013)

Kuhn: **Antimuslimischer Rassismus** (2015)

Kiefer / Ceylan: **Salafismus. Fundamentalistische Strömungen und Radikalisierungsprävention**, Wiesbaden 2013

Kreuzberger Initiative gegen Antisemitismus: **ZusammenDenken. Reflexionen, Thesen und Konzepte zu politischer Bildung im Kontext von Demokratie, Islam,Rassismus und Islamismus** (2013)

Massing / Niehoff: **Politische Bildung in der Migrationsgesellschaft** (2014)

Nordbruch (Hg. KIgA): **Identität und Zugehörigkeit – jenseits von Eindeutigkeiten. Eine Bedingungsfeldanalyse zur pädagogischen Auseinandersetzung mit Islamismus** (2014)

Said / Fouad (Hg.): **Salafismus. Auf der Suche nach dem wahren Islam** (2014)

Schneiders (Hg): **Salafismus in Deutschland. Ursprünge und Gefahren einer islamisch-fundamentalistischen Bewegung** (2014)

www.bpb.de: **Online-Dienst Salafismus** (in Vorbereitung)

www.politische-Bildung.de/islam.html

www.ufuq.de: **Portal für Pädagogik zwischen Islam, Islamfeindlichkeit und Islamismus**

Umgang mit radikalisierten Jugendlichen (Flyer):
http://www.vielfalt-bewegt-frankfurt.de/sites/default/files/medien/downloads/amka_flyer_10_seiter_extremismus-v2-final.pdf

Materialien für Pädagogik und Präventionsarbeit

Bundeskoordination Schule ohne Rassismus-Schule mit Courage (Hg): **Handbuch Islam & Schule** (2014)

Dies. (Hg): **Themenheft Islam & Ich** (2012)

Dies. (Hg.): **Themenheft Lernziel Gleichwertigkeit** (2015)

Bundeszentrale für politische Bildung (Hg): **Salafismus in der Demokratie.** Entscheidung im Unterricht Nr. 2 / 2012 (2012)

Dies.: **Was geht? Was glaubst du? Das Heft zum Islam; sowie: Was geht? Mit oder ohne? Das Heft zum Kopftuch**
unter: *www.bpb.de/shop*

Dies: **Materialien und Filme zur Ausstellung „Was glaubst Du denn?“**
www.wasglaubstdudenn.de (2013)

Dies.: Erklärfilm: **Muslimfeindlichkeit begegnen**
www.bpb.de/mediathek/202424/muslimfeindlichkeit-begegnen

Hinrichs / Rhomdhane (u.a.): **Unsere Tochter nimmt nicht am Schwimmunterricht teil! 50 religiös-kulturelle Konfliktfälle und wie man ihnen begegnet** (2012)

Senat Berlin (Hg): **Islam und Schule. Handreichung für Lehrer_innen und Lehrer an Berliner Schulen** (2010)

HAW / ufuq.de: **„Wie wollen wir leben?" Handbuch, Filme und Methoden für die pädagogische Praxis zu Islam, Islamfeindlichkeit, Islamismus und Demokratie**, 2.Auflage (2015)

lpb-Baden-Württemberg / ufuq.de: **Muslime in Deutschland. Lebenswelten und Jugendkulturen. Politik &Unterricht. Zeitschrift für die Praxis der politischen Bildung** 3 / 4-2012 (2012)

ProPK / ufuq.de / HAW: **Mitreden! Kompetent gegen Islamfeindlichkeit, Islamismus und dschihadistische Internetpropaganda**
(Filme, Informationen und Methoden / 2014)

Womex – gender in extremism / prevention – intervention (Cultures Interactive): **Genderaspekte im Rechtsextremismus und religiösen Fundamentalismus. Handlungsempfehlungen für verschiedene Bereiche der Prävention und Intervention**
www.womex.org

Einrichtungen für Prävention und Beratung sowie für Deradikalisierung und die Unterstützung von Angehörigen und Betroffenen

Im Folgenden führen wir – ohne Anspruch auf Vollständigkeit! – Anschriften von Trägern, Einrichtungen, Projekten sowie Länder- und Bundesprogrammen auf, an die Sie Ihre Anfragen richten können. Sie sind nach Bundesländern sortiert und umfassen sowohl Präventionsangebote und allgemeine Beratung für Pädagog_innen als auch Stellen, an die Sie sich wenden können, wenn es um Deradikalisierung und die Unterstützung von Betroffenen geht (meist Familie und Freunde aber auch Pädagog_innen). Im Kontext von Deradikalisierung und Betroffenenberatung können dabei auch Polizei und / oder Staats- bzw. Verfassungsschutz involviert sein. Bitte informieren Sie sich laufend auch nach Stellen und Initiativen vor Ort – von denen derzeit einige neu entstehen.

Bund:

Bundesamt für Migration und Flüchtlinge (BAMF) / Beratungsstelle Radikalisierung: Hilfe für Angehörige, Freunde und Freundinnen:
www.bamf.de; Tel. 0911-9434343; *beratung@bamf.bund.de.*

Hier sind vier bundesweit aktive Stellen zur Beratung betroffener Angehörige und Freund_innen angesiedelt (HAYAT / Berlin, IFAK / Bochum, kitab / Bremen und VPN / Berlin), an die Sie weitergeleitet werden.

Außerdem beim BAMF: Broschüre *„Glaube oder Extremismus?"*

Datenbank der bpb mit Angeboten der Radikalisierungsprävention und Demokratieförderung im Bereich Salafismus – von Beratungs-Hotlines bis zu pädagogischen Materialien *www.bpb.de/radikalisierungspraevention* (in Vorber.)

Bundesweit bieten außerdem einige der im Folgenden unter den Bundesländern geführten Organisationen telefonische Beratung, Fortbildungen und / oder pädagogische Formate für Jugendliche an. Dazu zählen unter anderen: Dialog macht Schule, Schule ohne Rassismus und *ufuq.de.*

Vor Ort können Sie Ansprechpartner_innen auch bei diesen vom BMFSFJ geförderten Projekten / Trägern finden (Liste Stand August 2015):
https://www.demokratie-leben.de/programmpartner/modellprojekte/modellprojekte-zur-radikalisierungspraevention.html

Einen Überblick über Schwerpunkte der Förderung präventiver Maßnahmen durch das BMFSFJ finden Sie unter *www.bmfsfj.de* unter den Rubriken „Freiwilliges Engagement" und „Demokratieförderung / Extremismusprävention".

Länder:

Baden-Württemberg

Inside out (Stuttgart): Projekt für Prävention und Betroffenenberatung
www.insideoutnow.de/beratung

Violence Prevention Network: „Beratungsstelle Radikalisierung" im Raum Bayern, Baden-Württemberg und Hessen (Hilfe für Angehörige):
www.violence-prevention-network.de

Bayern

ufuq.de (ab 10/2015): Prävention und Beratung
www.ufuq.de

Violence Prevention Network: „Beratungsstelle Radikalisierung" im Raum Bayern, Baden-Württemberg und Hessen (Hilfe für Angehörige):
www.violence-prevention-network.de

Berlin

Landesprogramm (Senat des Inneren) für Prävention und Deradikalisierung (in Vorber.)

Bahira: Kooperationsprojekt von DITIB, ZMD und VPN zur Beratung u.a. von Moscheegemeinden
www.violence-prevention-network.de/de/aktuelle-projekte/bahira-beratungsstelle

Dialog macht Schule: Angebote für Jugendliche in einzelnen Städten
www.dialogmachtschule.de

Hayat: Beratung für Angehörige und Deradikalisierung
www.hayat-deutschland.de

Schule ohne Rassismus – Schule mit Courage: Bundesweiter Dachverband mit Netzwerken in den Bundesländern
www.schule-ohne-rassismus.org

ufuq.de: Beratung/Fortbildung für pädagogische Fachkräfte (bundesweit) und Präventionsangebote für Jugendliche in einzelnen Städten
www.ufuq.de

Violence Prevention Network: Beratung für Angehörige/Deradikalisierung und Prävention für Jugendliche (Maxime Berlin)
www.violence-prevention-network.de

Bremen

Beratungsnetzwerk kitab: Betroffenenberatung (angesiedelt bei vaja e.V.)
www.vaja-bremen.de/teams/kitab

Schura Bremen: Projekt „Al-E´tidal – Pro Islam – Gegen Radikalisierung und Extremismus"

Hamburg

legato. Systemische Ausstiegsberatung und Fachstelle für religiös begründete Radikalisierung
legato@vereinigung-pestalozzi.de

Landesinstitut für Lehrerbildung und Schulentwicklung Hamburg (LI): Beratung und Fortbildung bei Extremismus an Schulen
www.li.hamburg.de/demokratie/kontakt

Hessen

Amt für multikulturelle Angelegenheiten der Stadt Frankfurt / M (AmkA): Beratung und Präventionsangebote für Jugendliche (in Kooperation mit ufuq.de)
www.amka.de

Frankfurt / M: Angebote zu Prävention / Beratung / Deradikalisierung
http://www.vielfalt-bewegt-frankfurt.de/angebote/hilfe-bei-radikalisierung-0

BERATUNGSSTELLE Hessen
www.beratungsstelle-hessen.de

Niedersachsen

Beratungsstelle zur Prävention neo-salafistischer Radikalisierung – beRATen; Trägerverein beim Sozialministerium in Kooperation mit muslimischen Verbänden und Uni Osnabrück
http://www.beraten-niedersachsen.de/

Nordrhein-Westfalen

Wegweiser: Programm des Innenministeriums NRW für Beratung, Begleitung, Prävention und Deradikalisierung in Düsseldorf
www.mik.nrw.de/verfassungsschutz/islamismus/wegweiser.html
mit Standorten in:

Bochum: *www.ifak-bochum.de/wegweiser*
Wuppertal: *wegweiser@stadt.wuppertal.de*
Bonn: *www.integration-in-Bonn.de*

Hayat (Bonn): Betroffenenberatung und Deradikalisierung
www.hayat-deutschland.de/hayat/?c=buero-bonn

IFAK e.V. (Bochum): „Farbe bekennen" Projekt gegen Salafismus und Rassismus
www.ifak-bochum.de

180°-Wende (Köln): Projekt zur Beratung und Prävention
www.180gradwende.de

extrem out (Dinslaken): Antiradikalisierungsprogramm
www.extrem-out.de/2014/11/extrem-out-gemeinsam-gegen-salafismus_22.html

Schleswig-Holstein

PROvention: „Landesprogramm gegen religiös motivierten Extremismus in Schleswig-Holstein" (*www.provention.tgsh.de*); Stelle im Innenministerium in Kooperation mit der Türkischen Gemeinde Schleswig Holstein / TGSH

IMPRESSUM

Herausgeber
ufuq.de

ufuq.de Jugendkulturen, Islam & politische Bildung

Autor_innen:
ufuq.de

Bildnachweise:
Zainab Chahrour: S. 13;
Deniz Ünlü: S. 20;
Veit Mette: S. 33;
picture alliance / JOKER: S. 52;
BMFSFJ: S. 56

Grafik / Gestaltung

3pc
Neue Kommunikation

Druck
Motiv Offset Druckerei,
Berlin

ISBN 978-3-9816405-1-9

Copyright © 2015

Gefördert vom

Bundesministerium
für Familie, Senioren, Frauen
und Jugend

im Rahmen des Bundesprogramms

Demokratie leben!

NOTIZEN